幸福の原理

新選 谷口雅春 法話集 3

日本教文社

『幸福の原理』に序して

1

幸福というものは、人間の思慮《はからい》から来るものではなく神からきたるものである。だからそれを「先《さ》き延《は》え」（幸）というのであって、天国から先きに延長して出《い》でたものだという語源的意味をもっている。だから人間の幸福は必ずしもその富や蓄積の如何をもって測られるものではない。裕かなる富をもちながら不幸なる人もあれば、蓄積はなくとも必要に応じて萬事がめぐまれて、その幸福が清純で、澄徹した、平和と静寂と聖悦とに恵まれている人達もある。

如何なる物質的蓄積があろうとも、魂の高貴でない者は、その蓄積から不純なるものしか引き出して来ることが出来ないのは、豊かなる倉の中に住んでいる鼠《ねずみ》が、その豊かなる物質の中で如何なる種類の幸福を享受しているかということを考えて見れば、凡そ類推することが出来るであろう。鼠の程度の心境にある者は、如何に豊かな環境に置かれても、その幸福は「鼠の世界」以上に出ることは出来ないのである。人の幸福はその人の心以上に出ることは出来ないのである。

聖者は如何なる乏しき環境からも豊かなる幸福を引き出すことが出来るであろう。「焚《た》くほどは風がもて来る落葉かな」の一茶の心境には幸福が満ちあふれている。しかし聖者は乏しいという条件に必ずしも掟《おき》てられねばならぬということはないのである。良寛《りょうかん》や一茶《いっさ》や西行《さいぎょう》の生活には、まことに掬《きく》すべき風韻《ふういん》があって羨《うらやま》しい限りであるが、かかる貧しき生活の中に靈的悦びを味うのはその人それぞれの趣味であって、それだからと言って聖者が豊かなる生活を送ってはならないという理由はないのである。現に佛典には極楽浄土に於ける聖者たちの生活を豊富華麗な状態であるとして描写されている。真に聖者の境地に達したならば（清貧を趣味とする人は別として）心の豊かさに応じた豊かなる生活環境が出て来るはずである。もし吾々が地上に於いて極楽浄土の豊かなる生活を送ることが出来ないならば、自分の聖境がまだ何らかの迷いによって制約されているからであるとしなければならない。真に幸福なる生活とは物心ともに豊かなる生活でありながら、その豊かさによって縛られたりする生活であってはならないのである。本書はこういう立場に於いて書かれたるものである。

既に私の選集の中に撰ばれたことがあるが、今度法話集が出るに及んで出版社から再びえらばれたということは意義があることである。

昭和四十九年五月五日

著者識

凡例

一、本書は昭和24年5月10日初版発行以来版を重ねてきたが、今回諸般の状況より組換えることとし、文字使い・組体裁を改変した。

内容には全く変動ないが、頁においては大巾に移動している。

二、文字使いは、国語審議会答申『常用漢字表』（昭和56年3月2日）及び内閣告示『現代かなづかいの要領』（昭和21年11月16日）・『送り仮名の付け方』（昭和48年6月18日）に基本的に準拠したが、送り仮名については独自の考え方で原本を尊重した。

三、常用漢字（略字体）では、その語の本来の意味がそこなわれる恐れがある次の十七字については例外として「正漢字」を用いた。〔舊、藝、實、盡、體、瀧、燈、拂、佛、辨、瓣、辯、萬、豫、龍、禮、靈〕

幸福の原理

目次

幸福の原理

第一章　恋愛と本来一つのもの

希臘《ギリシャ》神話に於ける「本来の一」

人間は本来一つのいのちから生まれているのでありますから、本来一つであるという實相を認めるとき初めて生活を本当の根拠に打ち立てたということになります。

「本来一つ」の自覚が愛、即《すなわ》ち自他一體の再認識であります。「自分」と「他」とが本来一つのものであるという自覚を完全に得たとき、その時、その人は初めて悟りを得たのであります。この自覚は人間が青春期に近づいたとき、先ず恋愛を通して體験するのであります。皆さんが或る異性を恋して、私は彼を愛する、というのは「彼」という半分と、それから「自分」という半分とが本来一つであるということを自覚して、元の一つに還《かえ》ろうという衝動であり、それが愛であります。古代ギリシャの神話では本来人間は男女が「一つ」であった。男女が「一つ」に密着したままで四本の手と四本の足とを備えていた。そしてそれは一つの「生命」であったけれども、ジュピターの神様がそれに嫉妬心を起してそれを両人《ふたつ》に切り離してしまった。本来一つであった生命が、形の上では二つに分れて二本の手、二本の足の現在のような姿になったというのであります。これは現象界は差別の相であり、實相界では「本来一體」ということを象徴的に言いあらわしたものであります。差別にいて實相の「一」を忘れず實相の「一」を悟って差別を真面目に誠《まこと》を以《もつ》て行じなければならないのであります。肉體を見ますと吾々は個々別々だと思われますけれども、本来は一つなのであります。「本来一つ」だから互いに「半分」を見出そうとして、そして人生の航路をさまよい歩いて、聽《やが》て相手を見つけて一つになろうとする、それが愛であります。人間はこの差別で同時に「一體」を生きるその自覚を青春期に恋愛によって體験し、それから恋愛以外にも、他のものとの一體感を味うようにまで自覚が進歩してまいります。創世記の神話もやはり同じことで、アダムが眠っている間に肋《あばら》の骨を取って、そしてその半身を拵《こしら》えた。それは「男から出たものだから女と謂《い》う」というように書かれているのは、男女は「本来一つ」であったということを象徴的に説いているのであります。

日本神話に於ける「本来の一」

日本神話にこんなのがあります。「本来一つ」の生命――本来「一」なるもののそのいのちが二つに岐《わか》れて、神漏岐《かむろぎ》・神漏美《かむろみ》となった――それが伊邪那岐命《いざなぎのみこと》、伊邪那美命《いざなみのみこと》の両神《ふたつのかみ》にあらわれられた。「那美《なみ》」というのは「波《ナミ》」であります。一定のところに固定していないで漂うている姿であります。伊邪那岐命の「那岐《なぎ》」というのは「凪《なぎ》」であります。漂いさすろうて一定の帰趨《きすう》なき現象の姿を一定の理念の相に常立《とこたち》させる働き、一定の相象《すがたかたち》に修理固成《しゅうりこせい》する働きであります。理念の形に修めるのを「修理」といい、常立《とこだ》たせることを固成するというのであります。

そこで天津神《あまつかみ》即ち宇宙本元の神様が伊邪那岐・伊邪那美の二神に「この漂える国を修理固成《つくりかためな》せ」と仰せられた。これは天津神即ち宇宙の大神《おおかみ》の勅《みことのり》でありますから、宇宙に満ちているので、宇宙的なことにも、社会的なことにも、家庭的なことにも、陰陽のムスビにも当《あ》て嵌《は》まるのであります。「イザ」という言葉は呼びかけの言葉で、互いに陰陽が相呼応する、「漂えるもの」と「理念の一定の姿に修理固成する力」とが互いに相呼応する。それが相呼応することによって「本来の一」にかえる。「本来一」のものが相呼応して「一」に還るときそこに新たなる「生み出し」が生ずる。電気が火花を散らして電燈となり、動力となり、電気化学工業品となるように「本来一」なるものが互いに仮りにわかれていたのが、一つに仲よく相合すれば萬物が生成化育されよきものが生まれ出るのであります。

青春期の恋愛に於いて吾等は「本来の一」を自覚し始めると言いましたが、既に吾々は子供の時には親子の愛というものによって肉體は差別界に別個の姿を有《も》っておりながらも本来一體だということを自覚しておりましたけれども、だんだん我儘《わがまま》になり、愛に狎《な》れて来まして、可愛がって貰うのは当り前のように狎れ切って、世話になる事では自他一體だけれども、親孝行という自他一體の行事は忘れてしまっている偏頗《へんぱ》な無自覚な自他一體状態だったのであります。ところが青春期になりますと、男女の愛というものが出て参りまして、深刻に愛ということを考えるようになる。そして肉體は本来分れていて、他人のように観《み》えるのに、何故こんなに惹《ひ》きつける不思議なる力があるのだろうかと考えずにはおられなくなって来るのであります。それは自他一體感の目覚めであります。親子の愛は未《いま》だ目覚めざる自他一體感であると致しますと、恋愛は目覚め初めんとする自他一體感であります。どうしてこう相手に惹《ひ》き着けられるのかハッキリはわからない。そこに恋愛の神秘性があるとも謂《い》えます。親子の愛では現實的に、子は親の肉體細胞から出たという事實があるが、恋愛にはそういう物質的根拠はない。しかもその牽引力《けんいんりょく》は親を捨ててでも走らすほどの力がある。もしそれを邪魔するものがあったら、その邪魔ものをどんなにしてでもかなぐり捨ててそれを成就しないでは置かぬ。否、それが成就しなかったら自殺したり、心中したりして個體のいのちを殺してまでもそれを成就しようとする。個體のいのちを殺してでも「二つ」が「一つ」になろうといういのちの衝動、これこそは肉を超えた眼に見えぬいのちの存在の最初の目覚めというべきであります。

「心中」に於ける倫理

恋愛の極致は「心中」になるのであります。心中と情死とは異なります。個體の情慾を死を貫いてまで充たそうとするのが情死でありますが、個體を無にして、心を元の「中《ちゅう》」に貫いてしまうのが「心中」であります。個人は死んで本元の中即《すなわ》ち「本来の一」の生命の中に自己を没却するのが「心中」であります。本当の「心中」は滅多にない。宇宙本源の「中」に於いて一體となれば生きていても心中である。太宰治《だざいおさむ》などのは情死である。「心中」では恐らくない。世の多くの恋愛に於いては男女は唯快楽の対象だと思って肉體を満足するために、肉體の楽しみの為に、男女は互いに遊ぶのだと思っている。自他一體の自覚も肉の自他一體に過ぎない。ところが心中的恋愛の自他一體の自覚は「肉」を否定しての「靈」の自他一體である。少しも肉の交わりなしに「心中」してゆく男女もある。私は別に死ぬ意味での「心中」を勧《すす》める訳ではないが、この自他一體の本元の「一」の自覚からして、更に進んで人類「本来一體」の自覚が出て来、人類すべて仲よく平和に生きられる道こそ宗教の道だと信ずるのであります。

そういうように人間が青春時代に「愛」の目覚めを経験し、「體《からだ》」は分れておっても「一」にならしめようとして惹《ひ》きつけられる不思議なる力を感じ、しかもその力たるや、個體を殺してしまってさえも「宇宙の一」に帰らしめずに置かないというような、そういう不思議な力があるということを體験して、そして「個體」は本来ないのだ、「心中」即ち「中」(註)に帰一する心だけがあるのだということが自覚されて来るのです。體験というものほど有難いものはない。體験を通して個體は無いが、自他一體の生命はあるということが判って来るのであります。小鳥の啼《な》くのを聴いても、小鳥の心が分るような気がするのは何故か。花の咲いているのを見ても花の心が分るような気がするのは何故か。他《ひと》が悪いことをするのを見ると、自分が憤慨せずにおれないのは何故か。他が善いことをするのを見ると自分が賞めずにいられないのは何故か。それは自他一體だからであります。

(註)『中庸』に「喜怒哀楽未だ発せざるを中と謂う」とあり、中とは宇宙の本體のことである。

失われた人生の希望を見出すには

昭和十九年私が満洲へ往っていた留守中の白鳩会の集まりで、遭難した或る船に乗っていていのちを捧げられた人の奥さんが来ておられて、「先生、私はどういう風に考えたらよろしいでしょうか。良人はお国の為に死んだといって喜んで下さる人がありますけれども、到底そんな事は私には……もうもう悲しくて悲しくて、心がスッカリ呆然《ぼんやり》として、死んでしまった方が優《ま》しだと思うような気が時々する。この悲しみをどうしたら逃れることが出来るでしょうか」と質問されたそうですが、その悲しみも一面からいえば尤《もっと》もなことなのです。そういう場合には、女性の主要の天分なる「愛」の本能が、夫が死んでしまったために愛すべき対象を失ってしまう。「愛」は「本来一つ」の自覚ですが、「本来一つ」のものの半分が失われたのだから、その残りの半分たる妻はいのちの半分ない捨小舟《すておぶね》のような気になって、人生の目的も希望も失われて、一時は伊邪那美のナミの漂う相《すがた》になって落ち着きも何もなくなってしまうのも無理はないのです。このような心境にいる婦人は戦後には少なくないでしょう。このような心境の婦人に人生に再び希望と光明とを持たせるものは光明思想の役目だと言わねばなりません。

その時私の家内は「それは、あなたにはお子さんがあるでしょう」と言った。その奥様にはお子さんが二人あったのです。

「良人の生命はそのお子さんに生きているのです。そのお子さんを本当に愛して行くということにしたらどうですか。そういう場合には興味の転換を求めなければなりますまい。愛する一つの対象が消えたならば、それに代るべき別の愛の対象を見出してそれに愛を注いで世話してやって行くべきでしょう。誰かを熱心に愛して世話してあげることは、悲しみにこだわっている心を大変まぎらすことになるものです。自分だけをどうして生きようと思うからこそ淋しくなって来るのでしょう。人間は本来が自他一體で宇宙の『一』から現われた生命ですから、今まで確《しっか》りと『那美《ナミ》』と『那岐《ナギ》』とが繋《つな》がっておられたのに、その一方がなくなったものですから、『凪《なぎ》』がなくなれば『波《なみ》』は漂うばかりでしょうが、その良人に代るべき自他一體の相手として、そのお子さんを極力愛してあげたらいつの間にかその淋しさも消えてしまいますでしょう」

この通りの言葉ではありませんが、こんな意味の事を家内が言ったのです。すると一人の誌友が、

「奥様は子供も夫も喪《うしな》った體験がないのですからそういう御返事をなさるのでしょうが、體験が

ない人には可愛い人を失った人の気持ちなど解りません。そんなに理論で、こう思えと言ったとて、そう望み通りに思えるものではございません。私には良人を亡くした體験はありませんが、子供を亡くした體験はございます。その時には私はこの奥さんが言われたように、泣けて泣けて仕方がないから、それはもう泣くより仕方がございませんでした。泣きたい時には泣いて泣いて泣きつくした時に、その後から次第に悲しみが薄らいで来るのでした」

と言われたのでありましたが、これも亦《また》一方法であります。泣けて泣けて仕方がないというのは、喩《たと》えば暴風が吹いて来て、今までそれに縋《すが》っていた夫という錨綱《いかりづな》が断ち切られたことにも当るのでしょう。その時、波のままに、風のままに、漂うままに漂わせるということが、泣きたい時には心ゆくまで泣けということでありましょう。良寛和尚《りょうかんおしょう》は災難を避ける秘訣は、「災難に遭《あ》う時節になれば災難に遭うがよろしく候《そうろう》。病気になれば死ねばよろしく候」と言われた。これも一つの悟りでもあり真理でもあります。「夫が死んだら泣けばよろしく候」――それも一つの救済であり、その泣くことも妻として美しいことであります。泣くべき時には大いに泣くべきです。船が揺《ゆ》れる時にはそのまま揺れたら好いのです。或る年のこと、私は満洲からの帰りに関釜《かんぷ》連絡船に乗りますと、一寸小さい颱風《たいふう》が見舞って来ました。船は揺れて殆んど立っていることが出来ない。歩くと殆んど倒れそうでありましたが、船がこう揺れる時には無理に船の揺れに逆《さから》って身體《からだ》を静止してやろうと思うと却って疲れます。船に酔うことにもなる。その時には船の動揺と一緒にブランコに乗っているつもりで一緒に揺れておれば、自分と船と一體となって其処《そこ》に不調和がないから船に酔わないことになります。自分でブランコに乗って自分で揺《ゆす》って酔う者はない。船に乗って他動的に揺れていると思うから酔うのです。みずから進んで揺れたら酔わない。災難もその通り、「災難に遭う時節になれば災難に遭うが宜《よろ》しく候。病気になれば病気になるがよろしく候。船が揺れれば揺れるままに體《からだ》を委《まか》すがよろしく候。夫が亡くなれば泣けばよろしく候」それも一つの生き方であります。泣いて泣いて、泣きつくしたとき、波動というものはいつまでも続くものではない。終いには必ず静かになってしまう。悲しみも一つの心の波動なのですから、屹度《きっと》それは静かになるのです。もし波が鉛のように固い塊で出来ていたならば、その波は固定していて元の形に帰ろうとしないから揺れるということもない。波が揺れるのは元の平《たいら》かな形に帰ろうとするから揺れるのであります。波が揺れるということは即ち静かになろうとしている働きであります。それと同じく悲しくて泣けてくるその事が悲しみを癒やす働きなのであります。だから「悲しい時には泣けばよろしく候」であります。私が死んだら泣いてくれる人があるという事も死んで行く人にとっては一つの救いであります。幾ら悟ったといっても夫が死んでシャーシャーしている女性を見ると、この人は愛情がないのかと思える事もあります。夫が死んでも涙一滴こぼさないような人は、偉いには偉いけれども、併しながら夫が死んで泣く女性も偉くないということはない。そこに人間的な或る美しさが感じられる。泣く働きそのものが静かになる働きでありますから、幾ら泣いておってもいつまでも泣いていることが続くものでない、泣きたい感情を無理に抑圧して止めてしまうと、悲しみが内攻してヒステリーになったり、時には他の神経病になったり致します。水戸駅の元助役（今は他の駅の駅長さん）のお母さんの工藤てつさんという人は胃癌であったのであったのが生長の家に来て治ったということは有名な話で、もう治ってから十数年も生きていられますが、今はその治った話をするのではない。何故癌に罹《かか》ったかという原因を話そうと思うのです。それは夫が十年間も発狂のような状態で死んだ。発狂のような夫であっても死んだら悲しい。やはり生きておって欲しいので、そこに人情の美しさがあると思うのですが、その生きていた間の精神的な悩みと死んだあとの悲しみが胸につまる思いであった。その悩み悲しみを胸につまらせていると、暫くすると胃に固塊《かたまり》が出来た。それは胃の入口に出来たところの噴門癌《ふんもんがん》だったのであります。こうして心に出来た塊が肉體に具象化して来て病気に現われて来ることもあるのであります。

愛せんとして酬いられない愛は、ここにデリケートな婦人の心を蹂《ふ》み躙《にじ》って、それは時とすると病気を起す場合がありますし、それが母である場合には、母の心の悩みが時とするとその母の子を病気にするということもあります。京都の仲安《なかやす》（仮名）といわれる屋号の店があった。その家の主人は附近の人から「鬼安《おにやす》」と綽名《あだな》された位で、町内からも大変嫌われ者だったのでありますす。そういう状態で奥さんの悩みは大変なものでありました。その夫婦の間に出来た女の児が癲《てん》癇《かん》の持病があってどんなにしても治らない。あらゆる医者にかけ、凡《あら》ゆる民間療法をやって見ても治らない。そして毎日六回も癲癇の発作がある。それは一日のうちいつ起るか分らない。竈《かまど》に火を焚《た》いておったり七輪《りん》に火を熾《おこ》していたりしても、ぶっ倒れて竈の中に手を突っ込んだり、七輪の上に頭を突っ込んで倒れるか判らない。風呂に入っておってもいつ湯槽《ゆぶね》の中でひっくり返って溺死《できし》するかもしれないというので、親も心配して特別の形の風呂桶を拵《こしら》えて、いくらその中で癲癇の発作が起っても桶框《かまち》が邪魔になって頭が水に漬《つ》からないように工夫したと言われるくらいであります。

ところがその仲安さんが生長の家を信ぜられますと、悪にも強い人は善にも強いといいますが、生まれ更《かわ》ったように非常に善い人におなりになり、夫婦の仲も調和してまいりました。今まで蹂《ふ》み躙《にじ》られていた妻としての、愛されたい、愛したい自他一體の愛の本能が満足せられることになったのでありましょう。今まで常に子宮病とか、血の道とか、腹膜炎だとかいう病気にかかりつづけてばかりいたのが、不思議に健康になって来まして、その他の家族全部も健康になって来ましたけれども、そのお嬢さんの癲癇の持病だけは治らない。どんなにしても治らないのです。

ところが仲安さんは生長の家に入信して以来非常に病人を指導することが上手になって、教えの取り次ぎをすれば大抵治るのでありました。仲安さんは自分の體験談をお話しになるときに、「自分は四百何十人病人を指導した。自分に指導された人で治らない人は一人もない位だ」とおっしゃいました。少しぐらい掛け引きがあるとしましても、多勢の人が神癒によって癒やされたらしい。すると、近所中大変な評判になる。寒い日にも夜半《よなか》に電話がかかって来る。「あの仲安さんに頼めば治るだろう」ということになって寝《やす》みかかっている夜の寒い時でも電話がかかって来るのだったのです。そうなると、ふと「面倒臭い」というように思う事があります。併し指導に行くと「先生、よく来て下さいました」と言われる楽しみもあって又行く事にもなる。そこで

「先生」と言われた時など、自分が先生になったような傲然《ごうぜん》とした気構えになることがある。ところが病気が治るというのは、こちらが「向う」を治すというようなものでない。こちらの話で「向う様」の生命力が引き出されるのは、教えの力で、生命力が引き出される、「教え」と「生命力」とが本来一體であり、話す人と、話される人とが本来一體であり、その「本来一體」なるものは、「神」でありますから、神が出て来る事によって治るのであって、「先生」といわれる個人の力ではなかったのであります。仲安さんは「どうして自分の子供の病気が治らないのだろう。他の人の病気はこうも治るのに」と考えて『生命の實相』をもう一遍《ぺん》繰り返して読んでいる間に気が着いたのは「私の力で治してやっているのだ」こう思い上っていた根性が間違っていたことです。神様の力——生命の力——がなかったら私の力で病気など治る筈がない。「その神の御徳を自分の徳のように自分に横取りしていた」ということに気が着いて、今後は決して「自分が治す——などという傲《たかぶ》った心を起しますまい。また夜半に叩き起されても神様からの御用だから、有難うございますと素直にどこへでも行かせて頂きましょう」という気になった。ところがそれで娘の癲癇が治ったかというと、却って益々病状が激しくなって来たのです。今迄は一日に六回も発作を起しておったが、今度は六回ではない一回です。一回なら少ないようですが、六回にも区切らないで、朝から晩まで癲癇の発作のまま続いているのです。その状態は二昼夜三昼夜続いて、歯を食いしばって泡を吹き、眼球をむき出して肛門からは臭い臭い黒いかにばばのような排泄物を間断なく息《いき》み出して、その苦悶の形相は到底親たる者が見ていられない有様なのです。そこで京都府立医大のその方面専門の博士と、又別に何某《なにがし》博士という癲癇専門の名医を招んで立会診断を請《こ》われたのです。その某博士の注射薬というのは、それを注射して貰ったら兎も角一時はどんな重症の癲癇でも発作が止まるという話でしたがその注射をして貰っても、三昼夜絶食のままでひきつけているその発作は止まないのです。そこで「先生もう一本注射して下さいませんか」と頼む。「この注射はもう一本注射したら死んでしまう。もう治す道はないが、医者としては注射したために一時間でも早く死ぬものを注射する訳には行かぬ。併しもう諦めなさい。これを見て御覧なさい」患者の上瞼《まぶた》を揚《あ》げて医者は懐中電燈で瞳孔に直射して見せる。「これ見なさい。瞳孔が散大してしまって光に対して何の反応もない。これは死んでいることと同じだ。併しこれは死んだ方がましですよ。もう脳膜炎症状を起して瞳孔が動かない。これでもし不幸にして治れば盲目になるか、聾《つんぼ》になるか、手足が不随になるか、兎も角、片輪になる。それは却って親《おや》御《ご》さんの一生涯の重荷ですよ。だからもう諦めなさい」こう言って医者は、時々刻々弱って行く脈搏《みゃくはく》を手に按《あん》して感じながら、その脈搏の消えて行くのを待っているのです。

仲安さんは兎も角病人を四百何十人も指導された程の人ですから、流石《さすが》に動じませぬ。その時合掌瞑目して神想観をして、神様に祈られました。「神様、この子供の断末魔のような苦しみによって私の一家の業が消え、この子供の罪が浄まって、好い所へ救われて行くのでしたならば、どうぞこの儘子供を引き取って下さいませ。又、何か私に間違いがありましたならば、それを知らして下さいませ」――一心こめて神想観していますと、その時のことです。突然仲安さんの耳に、空中から厳かな声が聞えて来たのです。

「お前は家内と本当に調和しておらぬぞ。懺悔《ざんげ》せよ」こう厳かな声がパッと空中から靈感のように聞えて来ましたときに、仲安さんはハッと思ったのです。今まで随分調和した積りでいたのだったけれども、やはり妻を赦していない或るものがあり、妻の方にも何かあるらしいのです。仲安さんはその時思わず両手をついて妻の方へ向き直り、必死になって言うのでした。ハラハラと大の男の両眼から涙が流れました。

「お前ゆるしてくれ。何か私にまだ気に食わぬ事があったら、怨みに思っているようなことがあったら、皆《みんな》私が悪いのだから赦してくれ。赦せないなら、この皆の見ている前で突くなり蹴《け》るなり、どうなりとしてくれ。皆、私が悪かったのだ」仲安さんの涙がハラハラと畳の上に落ちかかる。鬼安とさえ言われた男が、子供を助けたいためにお医者さんの見ている前で奥さんに両手を突いて謝ったのです。これ位に親というものは、子供を愛しているものなのです。すると似た者夫婦で、流石《さすが》気丈な奥様も、もうたまらなくなったらしい。良人が両手を突いて謝っているその手を奥様は向う側から両手を引っ摑《つか》むようにして、

「あなたが悪いのじゃございません。私がみな悪かったのです。あなたお赦し下さいませ。その手を上へあげて下さい」と涙を流して謝るのでした。その瞬間、医者は、

「病人の脈が確かになって来ました」と言った。やがて、「この分なら大丈夫でございます。この病人が助かるとは不思議だ」と言いながら再び瞳孔に懐中電燈を照射して見ると反応がある。

「これは不思議だ」。間もなくひきつけが治ってしまって、それから一週間程すると完全に治った。體の疲労とか衰弱とかはまだ残っているけれども癲癇の発作はもう無い。今までは必ず毎日六回も発作があったのに一遍も発作が起らないようになってしまった。

この體験談は、京都の植物園内の昭和会館で誌友会がありましたときに承《うけたまわ》った體験談ですが、これは夫婦互いの心の中にまだ相手に対する怨みの心が残っておって、それが怨めしいと虚《こ》

空《くう》をつかんで痙攣《けいれん》するような、しゃくり上げて泣くような、一種の痙攣的心持ちが残っていた。その潜在せる感情の出口がないので、娘の肉體にそれが具象化していたのであります。ところが、夫が他人のいる前でさえも手をついて「私が悪かった」と言って詫びるような気になったときに、妻の心の中にもお詫びの心が起った。虚空をつかんで痙攣《ひきつけ》るような感情の苦しみが、その瞬間、懺悔の涙にかわって具象化して消えてしまったのです。

こうして互いに「自分が悪かった」と心の底から調和したときに、子供のそういう痙攣が消えてしまったのであります。その後のことは存じませぬ。又親の心に不調和が起ったらそういう病気が再発するかもしれませぬ。それは親のいのちと子のいのちとは一體であり、良人のいのちと妻のいのちとは一體であるからであります。我らは「本来一つのもの」である生命の實相《ほんとのすがた》を悟って、相手を「彼が悪い」と憎むことなく、彼の姿は私の心の反影だと悟って、どこどこまでも自分の心を反省し自分の生活を浄めてゆかねばなりません。

第二章　「一」の哲学

まことに誠に汝に告ぐ、人あらたに生まれずば、神の国を見ること能わず。（ヨハネ伝第三章三）

一

皆さんお早うございます。（笑声）唯今はお昼でございますので、私が只今「お早うございます」といったら、皆さんは意外な表情をなさいましたが、私は寧《むし》ろいつも「お早うございます」と申したいのであります。いつも朝起きた気持ちで新しくものを見たい。イエスは「汝等常に目を覚ましおれ」と言われた。黙示録には「我れまた新しき天と地とを見たり」と書いてあります。金光教祖は「今、天地の開くる音を聴け」と言われた。心が生まれかわって新しくなったときに天地が新しく見えるのであります。常に心がこの世の中の生命《いのち》に目覚めて、その實相を觀た時にそこに吾々は事ごとにびっくりする神秘を、意義を見出すのであります。何でも見たときに、最初のものを見たときの様にびっくりする――この心が尊いのであります。吾々は毎日空気を吸うて生きていながら、空気の御恩に気が着かない——だから、その有難さを感じない。空気に馴れてしまっているからであります。この馴れる心が可《い》けないのであります。馴れれば何でもその有難さが麻痺してしまう。そして何を見ても、何の変哲も感じなくなるのであります。何に対しても新しい感じを持っている子供は、何を見ても毀《こわ》して見たり組立てて見たり、その原因を探り、構造を究め、それでこういう結果になるのだというような事を知ろうとします。その源を源をと探って行くところの心が、これが科学心であり同時に宗教心であります。奥へ奥へと入って神秘を探ろうとするのであります。例えば林檎《りんご》の果實は上から落ちます。これはニュートンが生まれる前から今に到るまで変らざる事實であります。けれどもニュートン以前の人は林檎の落ちることを唯の「当り前だ」「何の変哲もない」と思っておりました為に萬有引力というものを発見することが出来なかったのであります。それを「当り前だ」とは思わないで、それは何故であるか、如何なる理由によるのであるか? その機構は如何《いかん》? その機構の本源は如何? と何処何《どこど》処《こ》までも深く突き詰めて行く心、それは因《もと》を知る心、恩を知る心——それは道徳心であると同時に、神秘にあこがれる心——宗教心でもあります。それはまた原因探究の心であるから科学心でもあります。だから道徳と宗教と科学とは結局同じものが別の形に現われて来たのであると思われるのであります。幼児は特にこの神秘に対する憧れの心が強いと思うのであります。皆さんは、時々新しい事柄に面すると「オヤ」と思ってびっくりなさることがあると思います。皆さんはお母さんのお腹から生まれた――ということは知っていらっしゃる――。多分知っているだろうと思いますけれども、或いは覚えていらっしゃらないかもしれないから、そうでないかもしれぬと思っていらっしゃるかもしらぬけれども、併し、兎も角も他の人の子供を生む過程を観察していますと、或る期間お腹が大きく膨《ふく》れておって、そして膨れた態《かたち》がいつの間にかなくなったと思っていると、赤ちゃんを抱っこしていたりしている。こういう近所の人たちの恰好を見て、その母親がその赤ちゃんを生んだ現場は見ないのですけれども、屹度、その抱いている母親からその抱かれているあの赤ん坊は生まれたのだろうとお考えになると思いますが、それは類推出来るとしても、その赤ん坊がだんだん生長して来て、別にそのお腹におった筈がないところのお父さんに顔が似ているということを発見して、人間は誰でも一度、自分はお母さんのお腹から出たのに、どうしてお父さんの子なんだろうというようなことに、本当にびっくりして考えることがあると思います。實際皆さんはそれに就《つ》いていびっくりなさったことがあるかもしれませんが、また無いかもしれません。が兎も角考えて見るとびっくりせざるを得ないのであります。母親が子供を産んで子供が母親に似ているということは、これは当り前なことなのですけれども、父親の顔に子供が似ておったり目付きが似ておったり、鼻の形が似ておったり、どうしてそういう風になるだろうというようなことを考えると、子供は最初にその神秘に打たれる――自分はお父さんのお腹から出ないのに、どうしてお父さんの容貌に似ているのだろう。またその性質が似ているのだろう。何故お腹から出ないものを親というのだろう。――新鮮な幼児の心になって観れば、事毎にびっくりすべき事柄は沢山あるのであります。その解決から、宗教、道徳、科学が出て来るのであります。

二

キリストは自分が処女マリヤから生まれたという事にびっくりした。お父さんがまだお母さんと結婚していない間に生まれたのだから、私のお父さんは誰だろうかと思って、びっくりして探し求めたのであります。その神秘の探求の挙句《あげく》に何を見出したかというと、自分の父は「天にまします父だ」と知ったのであります。自分の肉體的父が現實界にはおらぬものですから、それは「天にまします父」であるより仕方がないと見出した。そして其処《そこ》からキリスト教なる宗教が出来たわけなのである。これはやはりびっくりする心が神秘をひらいたのであります。国木田独歩《くにきだどっぽ》の『牛肉と馬鈴薯《ばれいしょ》』という小説の主人公が「私はびっくりしたいんです」と言っていますが、皆さんもあらゆるものに対してびっくりする心を有《も》たなければならない。日本人も、米英人も、独《ド》逸《イツ》人も、アフリカ人も、南方人も、中国人も、ロシヤ人も、皆同じように目が横に附いて鼻が縦についていてそれを普通の人はすべて当り前のことのように思っているけれども、併し、製造所の異なるところで出来た人間がどうしてそんなに目が横に附き、鼻が縦に附いておるだろうか――とこう思うと、これも大いにびっくりしなければならない問題だと思います。産地が異《ちが》い、製造所が異う。それなのに何故同じ設計になっているか、鼻が横に附いていても、眼が縦に附いていても宜《よ》さそうなものではないか、もっと目が沢山あっても宜さそうなものではないか。それなのに目が二つの同じ設計になっているのは何故であるか。設計考案する人が異えば、旗を拵《こしら》えるのだって色々の図案を考える。日本人はこれまでたった一つの炯々《けいけい》と輝く眼のように太陽のマークを国旗につけて来た。ところが、アメリカは星条旗であって星を沢山つけている。そのように設計者が異なれば、眼球だとて沢山あってもよさそうなものなのに、すべての人間が一様に同一設計の二つの眼を持っているのは、それは何故であるか、こう考えるとその神秘に驚異せずにはいられない。そこから人間全體の設計者が神であることが解る。人類全體が互いに兄弟であるということが解る。人類が互いに争うのが間違いであることも解る。併しそういう神秘に一向びっくりしない人もある。そういう人には何事も当り前だ、人間は目が横に附いているのが当り前、鼻が縦に附いているのが当り前、すべてが当り前であって、彼らはいのちの本源が「一」であるという神秘を「当り前」として見のがしてしまうのであります。何処《どこ》に彼等の生活と科学性があるか。科学科学というけれど本来の「一」を忘れた科学は綜合性を忘れているからバラバラの科学であってイザという時の間に合わなくなります。科学も哲学も、自然現象を驚異する心から生まれました。そして哲学は、本體をさぐるようになり、科学はその現われを探ねるようになりましたが、あまりバラバラに末梢ばかりをさがしていると「胃癌は切りとったが人間は死んだ」というような変てこな医学になってまいります。科学の有用性も「一」の哲学を闡明《せんめい》することによってその全機性を発揮することになるのであります。

三

もし皆さんが心の眼を開いて宇宙一切のものを御覧になれば、其処《そこ》には驚異すべき生命の「一」

の神秘が到るところに満ちていることを発見するのであります。第一私の言うことが皆さんにどうして解るかということ――これもびっくりしなければならない「一」の神秘であります。私が今皆さんに物を言っていると皆さんは思っている。併しそれは物理的に唯声帯が動いてそのために空気が振動しているだけである。それなのに、谷口という人が何か考えを備えていて、その考えの通りに物を言っていて、それはこういう意味のことを言っているのだと解る。ただの空気の振動が、声帯の振動が、どうして聴く人の判断となり、その判断が声帯を動かしていた本人の心の動きと同じになり得るのであるか。どうも考えて見ると、不思議である。神秘である。まことにびっくりしなければならぬことである。それだのに普通の人はびっくりしないで唯それを当り前だと思っている。当り前だと思ってただ易々《いい》加減《かげん》にすまして置くから本当のことが解らないのであります。この問題には声帯、空気、脳髄などという物質と、心とが本来「一」であるから「物質」の振動が「心」の振動に変ずるのだという問題と、「我」と「彼」とは分れているように見えているけれども本来「一」の生命だという問題との複雑な問題が含まれているのであります。

さて私はニュートンが林檎の落ちるのを見て、その不思議さに驚嘆して萬有引力を発見したと申しましたが、それは「萬有引力」と物理的に名前をつけたから、それでその内容が解ったとこういう風に簡単に当り前らしく解釈なさいますと實はまだ軽率なのであります。往々吾々は言葉の手品に胡魔化《ごまか》されて、名前をつけたらもう何も解ったと簡単に思ってしまう人があります。「先生私の病気は何病気ですか」「アアそれは心臓病ですよ」「アアそれで分った」と思う。心臓が悪いから心臓病に違いない。しかしそれは心臓が悪いということを言い換えたに過ぎない。實は何も解っておらぬのであります。「先生、私は何だか手が痺《しび》れて仕方がありません」「アアそれは手の麻痺症という病気だよ」「アアそうですか。解りました」手の痺れる病気が手の麻痺症というのは当り前のことであります。或いは胃が常に悪いと「それは慢性胃腸病ですよ」と言われたら「成程《なるほど》、解った」と早呑《はやの》み込みしてしまう。こういう早呑み込みは解ったようだけれども一つも解っていない。名前をつけただけのことである。そこでニュートンが萬有引力とか地球の引力だとか言っても引力なるものは何であるかというと物理学ではまだ本当は何も解っていはしないのであります。物理学は引力をただあるとしてその作用を實証するだけのことであります。そこで引力の本體は何ぞやということを知ろうとするのが哲学であり宗教であります。引力とは何であるか――それはすべてのものを離れていながら繋《つな》いでいるところの働きであります。太陽と地球とは離れていながら「一」に結ばれて恒久的な相互連関の作用をもっている。その引力とは星と星との間、太陽と天體との間、分子と分子との間、電子と電子との間に充満しているエーテルの作用であると、仮説した物理学者もあった。しかし、エーテルなるものは軈《やが》て物理学者にその存在を否定されてしまったのである。それは空間そのものの働きだということにやがて認められた。併し、空間の働きを肯定することは「離れていながら、空きがありながら、その間に働いているところの不思議な働き」という事を別の言葉で言いあらわしたに過ぎません。この空間の問題の中には人間とは何ぞやという問題もおのずからそこに含まれているのであります。人間とは「人の間」と書いてあります。人の間であって、一個人というような孤立した存在ではない。孤立ではなしに人間という「間」が本当の人間である。此処《ここ》に人間生活の理想理念というものも表われている。何故光明思念をすれば、思念者と患者とは身體が分れているのに治るか。それは人間は個々別々の存在ではない。「間」こそ「人間」であるからであります。決して一人の個別者が人間ではないのです。「間」こそ人間なのであります。この「間」が人間だと言いましても（空間を指して）空間は手で把《つか》んでも何もないようでありますけれども、この空間がなかったら、「間」というものによって、「一」になっていなかったから、私の言うことは皆さんには通じないし、皆さんの言うことも私には通じない。吾々人間の生活は成り立たないのであります。

この「間」、この何もない「空間」それは萬有引力ともなり、人間相互の理解力ともなり、太陽の光熱が地上の萬物を育てる力ともなる。しかも空間は空いているのだから何もない。何もなければ離れていることもない。即ち萬物はただ「一」なのでありまして、その「一」があらわれて空間となり、萬物となり、人間となっている。本《もと》の「一」を知らなければ、萬物を解釈することは出来ないのであります。本の「一」を知ることは神の御恩を知ることであり、本の「一」を知るとき、人間と神とが、一徳一心であるということが解ります。そこから神癒力が生まれて来るのであります。

四

この間熊本に参りましたら、熊本の尚絅《しょうけい》高等女学校というのに招かれて話しにまいりました。この学校は、日本でも有数な古い女学校で創立四十何年の歴史を有《も》っているのであります。その学校の校長先生が私に、全校の生徒のために講堂で修養訓話をしてくれと言われました。その学校を熊本市の人は略して「尚絅校」と皆言っております。「尚」という字は重ねる事。「絅」は紗《うすもの》のことでありまして、これは『中庸』の中にある文「絅《けい》を尚《かさ》ね」とあるのから引用した校名で立派な錦繍《きんしゅう》を身に纏《まと》うていても、それをアラワにしないでその上に絅《うすもの》を着て徳を隠すという意味で質實を尚《とうと》び、虚栄を排するという意味であります。この学校の校主の人は生長の家の誌友で、講習をお受けになっていたのであります。校長先生は誌友でないけれども『生命の實相』を全巻ではないが、大分読んでいるということで、そこで、私の修養の講話をして欲しいといわれたのであります。行って見ますと、中々好い学校であります。朝禮を見てくれと言われたのでありますが、私が講話に行ける時間の都合がありますので、その日は朝禮訓話の時間を繰り延べて、午後の二時から朝禮訓話の時間が始まったのです。中々広い講堂でありまして生徒が千二百人程。千二百五十人が定員ですけれども、中途退学の者や、休んでいるのもあって、それ位の人数がずらりと広い講堂に一年生を前列として、後方に至るに従い上級生が腰掛けているのです。講話をするのにあまり下級生と上級生の年級の差が激しいと理解の程度が非常にちがうので話し難いから三年以上の生徒だけ集めて欲しいと言ったのです。けれども折角の講話であるから、光明思想の片言隻句の一語でも意味が分れば一年生二年生にとっても一生の光明化に役立つであろうから一緒に聴かして欲しいと言われたのであります。そこで先ず、その学校の朝禮の儀式を見せて頂いたのであります。——最初心を鎮めるために西洋の名曲集のレコードの内からアベ・マリャのような宗教的な曲をかけるのです。そして職員も生徒も静かに皆瞑目してじっとそれを傾聴しているのです。じっと傾聴していると心がじっと音楽の美しいメロディに統一されてゆくのであります。その曲が終わりましたら一同起立して、そして校長先生が演壇にお立ちになる。白髭《ひげ》の神様のような端厳《たんげん》な表情で静かに直立して、不動の姿勢で、じっと生徒の方を見詰めていらっしゃるのです。すると、生徒はじっと皆校長先生の眼を見ることになっているのです。壇の右側に大時計が掛っておりましてそのチクタクの音がかすかにするのであります。眼は校長先生の眼を見詰めながら、耳は大時計のチクタクの音のみに澄ませているのです。心を澄ませていると偉いものであれだけ広い講堂ですけれども、恐らくあの時計のチクタクの音が生徒の一番後の席にも聞えるらしいのです。

そうすると眼は一つのものを見る、耳は一つの音のみを聞いている。他のものは何にも見ず聞かない。すると千何百の生徒職員の心が次第に「一《ひとつ》」になって来るのです。それを三分間続けるのです。あまり長ければ疲れて来る。疲れて来ると心が散漫になります。そこで丁度三分間位が好い。その間チクタクの時計の音を数えている。それは坐禅の数息観と同じような効果を与える――そしてその三分間が終わったとき、机の上に巻物があって、それが箱に容《い》れて紫の袱紗《ふくさ》に包んであります。それには、「尚絅五ケ条」というのが書いてあるのですね。そしてそれを恭々《うやうや》しく開いて一寸一揖《ゆう》して、そして「尚絅五ケ条。一、何それ」と学校の綱領信条をお読みになるのです。読み終わると、校長先生はその巻物を恭々しく巻き閉じて箱に入れ、再び正面を向いて又直立不動でじっと生徒の方を見詰めていらっしゃる。そうすると、生徒は又校長先生の眼を見つめる。その行事が二分間、じっとやはり時計の音を傾聴しているのです。話だけではその光景は眼の前に浮びませんけれども、中々森厳な光景です。一人の校長先生のいゝのちの中にすべての生徒の心がじっと融け込むように工夫されているわけです。

校長先生がじっと壇上に立って直立不動の姿勢で生徒の顔を見詰めている。その眼光《まなざし》には愛が輝いている。それを見詰めている一同の心が悉く一つのいゝのちに統一されてしまう。それから、この朝禮の儀式のある日にはいつも校長先生が三十分か一時間位はお話しになるのでございますが、折角私が熊本へ来たのだから、朝禮の儀式が済んでから、今日は私に話してくれと、こう被《おっ》仰《しゃ》ったのであります。その形式の一つ一つには、色々批評すれば批評も出来ましょうけれども、その中には大変よきものがあることを感じたのであります。そのよきものとは何かというと、校長先生というものに全校の生徒が一つの心になるということでありました。

教育にはこの「一つの心になる」ということが大切であって、教育の成果が挙がると挙がらないとは、一に先生と生徒とが一つの心になるかならないかというところにあるのであります。人間の言葉が互いに理解出来るというのも、心が本来一つであるからであります。

五

宇宙は「一《ひとつ》」の神につくられたものであって「全體」は「一」である。バラバラに造られたものが協同しているのではありませぬ。そこですべてのものが一つになろうとする。これが萬有引力であります。萬有引力は何故あるかというと、すべてのものが本来一つである、形は個々別々に岐《わか》れているけれども、すべてのものが本来一つなんだ。人類は一つなんだ、争ってはならない。その本来の「一」の自覚を目指しているのが宗教であります。すべてのものがその本来の「一」を自覚した時に、もうそのままそこが天国であり、そのままそこが極楽であります。何も悪いものはない、争いがない、苦しみがない。實にいいもののみが、そこに充ち満ちていることを発見するのであります。

さてその尚絅高等女学校には、校舎に続いて記念館というものが建っております。その記念館の一室には毎日順番に少人数ずつ生徒の歯を検査するための歯科の部屋があります。一定時間に歯医者が診《み》て大事に到らないうちに治療してくれるようになっている。中々行き届いておるのであります。そういう部屋部屋をずっと見せて頂いてから、私がふと二階の硝子《ガラス》戸から見下しますと、私の講話が終った後、すぐ放課となって、生徒が続々帰りつつある姿が見えたのでありま す。その帰りつつある生徒が、校庭を出て門のところまで行きますと、振り返って学校へ向って最敬禮をしておるのです。私はそれを見たとき「これは素晴しい学校だ」と思って大変な感銘に打たれたのであります。私は全く心を打たれたのです。何故打たれたかと言いますと、普通は学校というものは建物だ、大工が建て、左官が壁を塗っただけの建物だ、建築屋さんが物質を集めて建てた唯の校舎だ——こういう風に考える唯物論的考え方が現代には多いのであります。ところが、この学校の生徒は、唯の建物である校舎を唯の建物として見ないで、これを学びの庭として「学」なるものの表現象徴として、「学」なる理念が、そこに天降って来て姿を現わしているものであるとして、それに対して敬禮しておる。ああこの学校の生徒は「物質」を見ないで、内在の「實相」を観ている、實に立派なものだな——と感嘆したのであります。

校舎に対してすら、それを「学」の象徴として拝む心、敬禮する心、この心が「学ぶ心」であります。「学」が唯、自分は月謝を拂ってお金と交換的に先生のお喋《しゃべ》りを貰って帰るのだ、それは取り引き関係だというような考えを有っている限りは、その学ぶ人の受けるものは深いものを受けることが出来ない。真理の学は「三尺下って師の影を踏まず」というようなところがなければならない。そういう風潮が段々減って行きつつあるのは悲しいことであります。これでは学ぶ人は本当に深い魂的なものを受ける事が出来ない。教えを受けてもユダになる人と、ペテロになる人とがある。ペテロになる人のみキリストの教えの真髄を受けつぐことが出来るのです。本当にその人が深いものを受けることが出来る為には、それはそういう月謝を拂っているからどうだとか、「学」と月謝と交換しているのだとか、先生はこの月謝で給料を貰って生活しているのだから、などという物質的なことを考えてはならない。学は技術の切売りであってはならない。学というものに対して敬虔な心、拝む心を起した時に、先生の教養がどうであろうとも、その人は立派なものをそこから受け取ることが出来るのであります。

六

皆さんは御飯をお上りになる時に、御飯に合掌なさるだろうと思いますが、校舎に敬禮する人は少ないと思います。御飯に合掌するのは、御飯は吾々の肉體を養ってくれるので有難いのだからと言えば、学校は魂を養ってくれるから、一層有難い筈であります。それだのに、校舎に対して敬禮しないのは、校舎は物質だという唯物思想がまだ脱け切らないからだと思います。魂を養うところの その学校に対して、本当に 敬禮する心を起しただけの効果は こちらに 自《おのずか》ら出て来る、観られる世界は観る人の心の姿の世界であります。校舎に敬禮して極まりが悪い事は決してない。私は校舎に敬禮しておると思って尚絅校の生徒に感心したのであります。ところが今まで大抵の人は、善い事をすると後めたいいことのように思う。誰か見ていはしないか一寸恥ずかしい、というような気がする。これは習慣といいますか、業といいますか、悪に対する執着とでも言いますか、多くの人は善を為すのが何だか極まりが悪くて、悪を為す時は平気でやっている。吾々はそういう風習を改めなければ、人類は健全にならないと思う。吾々は善を為すにもっと勇敢でなければならない、もっと全てのものに敬禮する事に勇敢でなければならぬとそのとき教えられました。

私は尚絅校へ講演に往《い》って却ってこれらのことを教えられたのであります。熊本ではどこに行っても、私を教えて下さる先生がいらっしゃいました。心の眼を開けば至る処、「師」が充満しているのであります。旅に出ると、また別の「師」に遇《あ》う。このことは大変嬉しいことだと思ったのでありますが、併し、私が旅に出て教えられて来たことを機会ある毎に皆さんにお分けして差し上げることも亦《また》善いことだと思うのであります。

熊本の附近に八代《やつしろ》という市《まち》があります。先般市政が布《し》かれたのでありますが、この市を球磨《くま》川という大きな川が貫流しております。鮎の名所の長良《ながら》川よりも大きい川で滔々《とうとう》と流れております。丁度雨が降っておりましたので、その球磨川の岸の小亭に講演前の一時を休憩してお昼の食事に鮎料理を頂いたのであります。それは焼き立ての熱い香ばしい鮎の塩焼、新鮮な今まで生きていた鮎の刺身、鮎の丸焼、上に味噌が載っている料理、「これは何ですか」と女中さんに訊ねると、「鮎のでんがくです」と答えていました。そこに又鮎の吸い物が出て参ります。いずれも一尺豊かな立派な鮎で、一尾で三人前位のお菜《かず》となるほどの分量がある。そういう立派な鮎ばかりの料理が四種類も出たのであります。最初は、成程、香魚と言われる位で、美味《おい》しいと感嘆して舌鼓を打ったのです。が四尾目を食べかけますと、もうとても美味しくない。鮎のような淡白《あっさり》した食物でも余り飽満し過ぎると美味しくない。感覚的刺戟は、あまり同じ刺戟が度重なれば快感に感じられなくなって来ます。腹は八分目が好いし、料理は少量ずついろいろあって、味わいが交替して行くところに本当に美味しさというものがあるのだと教えられました。折柄《おりから》雨が降っております。球磨川が滔々と流れる中を、筏流《いかだ》しが、筏の上に二人ずつ乗って、球磨川の上流から下流の方へ流れて来ます。釣りをしている者がある。「この鮎は皆釣ったのですか」と私が問いますと、「この鮎は皆釣ったのです。網にかけたのはまずいのです」というのです。「ここでは鮎ばかり釣るのですか」「鯉も釣るのです」冗談を言って答える。「鯉と鮎とどちらが美味しいですか」「それは鯉よりも鮎の方が美味しいです。恋は愛よりも執濃《しつこ》いですからね」

それはただ地口の冗談に過ぎなかったのですけれども、そこにやはり味うべき真理があると教えられたのであります。詰り「愛」は唯一つの愛だったらいいけれども、そんなにいろいろと愛を重ねて行ったら、味いがなくなってしまう。人間の愛は貞潔でなければならない。唯一条《ひとすじ》の愛を守りそだて、しかも貪《むさぼ》らず、溺れず、徳を滅ぼさぬようにしなければならないと教えられたのです。その「愛」も単なる「愛」ではなく、恋になると、大分執濃《しつこ》くなって味が不味《まず》くなる。吾吾は常に清い鮎のような清明な愛を持たなければならぬと思ったのであります。

そこの八代という所の誌友相愛会をしていらっしゃる人は、何でも魚屋さんで、自分は生長の家に入る前に胸を患って医者に診て貰うと肺病だと言われた。そうするとそれが世間に知れたら大変なことになってしまう。自分が肺病だということが知れたら、肺病の魚屋が料理した魚と言ったら誰も魚を買ってくれなくなる、どうしようかと思って心配していますと、心配の念で益々身體《からだ》が弱ってまいりました。その時分に或る人から生長の家を知らされて『生命の實相』を読んだ時に、初めて「神の子に病気本来なし。それは自分の心の顕われだ。心の持ち方を変えれば健康となる」ということが解った。そして人に深切を励み、すべてのものに感謝するようにしたのです。するとその肺病が治ってしまったのです。ああ有難いと言う訳で、魚屋さんですから魚の荷を舁《かつ》いで市中を歩く。そして行く先々で宣伝していらっしゃるのです。八代の講演会もこの魚屋さんが殆んど一人でビラ等を拵えてそして準備をなさいまして、八代市の武徳殿で講演会を開いたのですが、雨がざんざ降っていましたけれども、それでも沢山の聴衆でございました。魚屋さん一人の力でも「まごころの力」というものは偉いものでございます。「一」の哲学という題で話しかけましたが、もう与えられた時間が余り残っておりません。そこで色々の土産《みやげ》話の中で、もう一つだけ話して、この話の結末を着けようと思います。

小倉の講習会のときに、徳永硝子《ガラス》工業株式会社の重役さんの西沢さんと汽車で同車致しました。この会社が、生長の家の教えを会社の工員達に吹き込むことによって非常に好成績を挙げるようになられた事は、私の著書『榮える原理』に書いてありますが、工員に「光の泉」を読ませて置いたら大変精神状態がよくなって、能率も挙《あが》っていたと言われました。この西沢さんが『生命の實相』をお読みになりまして、何に一番心を衝《う》たれたかというと、こう言われました――「理論は精細に書いてあって一々感心して少しも反対するところはありません。けれども一番自分が心を惹かれて役に立ったのは最初の『汝等天地一切のものと和解せよ』という言葉でした。天地一切のものと和解した時に天下無敵になるという教えです。――これに依って自分は非常にお蔭《かげ》を受けました。尤《もっと》も最初それを読んだ時には何の感銘も受けなかった。というのはあの教えは最初の一頁の所にあって、その真理を受ける心の準備がまだ出来ていなかった。ところが他のところを読んで来てもう一遍初めの『汝等天地一切のものと和解せよ』というところを繰り返し読んだ時に、それがどんなに深い意味のものであるかという事が本当に分って来たのです」こう言われるのです。西沢さんは天地が本来「一」であること「一」の生命に生かされていること、その「一」の生命と「一《ひとつ》」に溶け込むことによって天下無敵になることを知られたのです。その一例を申しますと、いつでしたか、西沢さんはある官庁へ、会社の所用で行かれたのです。すると、そのお役人の長官は「今日は何の用事で来た」と問います。西沢さんは答えました。「今日はお禮に来たのです。別に何にも用事はないのです。感謝ということが大切なことを教えられましたから」「そんなことはあるまい。君の方は、何かお禮を先に言って置いて要求があるだろう」「いや要求も何もないのです。この間ある教えの宣伝ビラを街頭で見ましたら、『大急ぎでお願いに来る人はあっても大急ぎでお禮に来る人はない』、こう書いてありましたので大変それに打たれまして、日頃、お世話になっておりますから、一つ何も求めないで、純粋にお禮を言いに行かぬといかぬと思って無条件でお禮に来たのです」こう言って西沢さんは今日は何にも頼まないで純粋にお禮だけで帰ろうとしていると、その係の長官が、その部下の人に、「君、西沢君の書類はどうなっているか。何なら其処は好いようにしてやってくれ給え」こう言っているのだそうですね。それからその長官と部下と何か二《ふ》た言、三言言っておったそうですが「まあいいよ、それでいいんだから」と長官が言うと部下も納得してすらすらと曩《さき》に出してある願いが旨《うま》く通過してしまったというのです。詰り、やはり大急ぎでお願いに行くよりも大急ぎでお禮に行った方がすべての事に調和して何事も順調に行くのであります。役人が意地が悪いとか、権柄《けんぺい》づくでよくないとかいうような話も時々耳に入りますが、それは此方《こちら》の心の態度が悪いからであります。三界は唯心の所現であり、「立ち向う人の心は鏡なり、己が姿を映してや見ん」でありますから、こちらから「役人というものは頑固で権柄づくで、役目を笠に着て威張るものだ」と思ってかかるから、相手も自然そういう態度にあらわれて来るのであります。と言って心で相手を尊敬しないで、西沢さんの真似をして、形ばかりで御禮に行っても、どうも御禮の顔はしているけれども内心がそうでないなら何の効果もない。お禮はこちらが無条件で行った時に向うがそんなにこっちの願っているところのものをすっと出してくれる――西沢さんは至るところにそういう風なことがあって、戦争中で普通なら営業が旨《うま》く行かないのでしたけれども、併しながらいろいろの点で経費が節減されたり、或いは公定値段が前よりも高くなったりすることに依って、自然営業上の成績は以前とは余り変らない好成績を挙げ得ました。さて、こういう経験を得ているから、あらためて、『生命の實相』を読んで、汝等天地一切のものと和解せよ……天地一切のものと和解するというのは、天地一切のものに感謝せよということである、という、神示を又繰り返し読んで、初めて天地一切のものに感謝の必要な事を痛感せられたということであります。本来の「一」を自覚して其処からして一切のものと調和し、和解し、一切のものを恵まれる道がひらかれて来るのであります。

第三章　真空妙有の宗教

一

宗教というものは四苦を除くものであるとも言えます。生老病死の四つが四苦でありますが、これはどうして起るかというと罪から起ります。罪というものはどうして出来たかというと、罪というものは、生命の本当のすがたを自覚しない状態をいうのであります。常に申しますように、生長の家は病気を治すのではありません。病気のない人間生命の本来のすがたを自分で発見する——発見せしむるように導くのであります。健康が既にそこにあるのだということに気がつけば好いのであります。喩《たと》えを以て言いますならば、或る時、生長の家の或る講師が誌友会に招かれて行って、この辺に誌友会場がある筈だと、こう思ったのですけれども、番地を訊《き》いて、そしてこの辺だろうと思って一所懸命に探して歩きましたが、どうしても見着からない。だんだん時間が経ってしまって、終《しま》いにもう誌友会の閉会になる時間が近づいて来た。それでもその家が分らないというのであります。仕方がないから帰ろうと思いましたが、生長の家の講師が誌友会へ来ると約束して置きながら、来なかったということになると申し訳がないから、自分が此処迄来たということを何とか知らしたいと思った。所番地は分っていたから、ポストのある所でハガキを一枚買って、そして「折角来て誌友会場を探しましたけれども、どうしても見つからないから已《や》むを得ず帰ります」こう書いてそしてポストに放《ほう》り込んだのであります。そして、「ヤレヤレこれで責任を果たした」と思ってホッとした思いで、不図その前の表札を見ると、そこに町名番地が書いてあって、明らかに誌友会をする宅の名が書いている。「あぁここが誌友会場だった」と分ったという話があります。罪というものは、それと同じなのです。實相を包み隠してまご付いてフラフラしている相が罪なのであります。そんな見着からないなんていうような馬鹿なことはないのだけれども、本来完全な相が目の前にぶら下っているのだけれども、併し心が顚倒して是非早くあそこに行かなければならない、行かなければならない――そう思って慌てれば慌てる程目につかないのです。ところがもう断りのハガキを書いて、「折角ここまで来たけれどもどうしても見着からないから、ここへ兎も角来たという印に此のハガキを放り込んで置きます」という意味を知らせて安心してヤレヤレと心が落ち着いた時、實相が現われて、そこに本来ある姿が見えて来たのであります。吾々の罪というものは、それと同じことであります。詰り本当は罪はない、生老病死の四苦はないのだけれども心が顚倒している間だけ、そこに病気があらわれて見えるのであります。病気を治して貰うのではないのであって、自分が落ち着くのです。落ち着かして貰ったら人間の本当の生命が久遠の神のいのちだということがわかり、生老病死のないことが分るのですね。その時には生老病死のうちの病が消えても不思議ではない。兎も角落ち着くことが一番大切なのであります。

二

慧可禅師《えかぜんじ》が達磨《だるま》大師のところへ行って、「自分は心が迷って仕方がない。この迷いをどうかしてなくして欲しい」と言って、達磨大師にお願いしたことがあるのです。そしたら達磨大師が、「その迷いというものをここへ持ってこい、私が迷いを消してやるから」こう言われた。そこで慧可は、迷いを持って行こうと思って探した。これはお伽噺《とぎばなし》見たいなことで、慧可が「迷い」というものを眼で見たいと思って實際探したのかどうか分らぬ。そんな馬鹿なことは後人《こうじん》が拵えた事かもしれぬと思うのですけれども、兎も角迷いを探して見たということになっている。そして、何処に迷いがあるかと思って探して見たが、迷いというものは肉眼で見えるものでない。ですから、探しても見着からないことが分った。「覓《もと》むれども遂に得ず」探しましたけれど見着かりませんと言った。迷い等というものはないということが分って心が落ち着いて来たのです。そこで、達磨大師が「吾、汝の心を安んじおわんぬ」――わしはお前の心を安心させてやったぞ、迷いはもう消えてないのだぞ。――こういう風に被仰《おつしや》ったわけであります。このように心が落ち着いたら消えるものが迷いであり、罪であり、病気であるのです。心を落ち着けたらいいのであります。ですから生長の家に来ると、「先生、この病気どうしたらよろしいか」「病気なんてないのですよ」こういうのですね。そんな馬鹿なことがあるものかと思って怒ってお帰りになった人もある。併しそう言われると言葉の力で「ないものかなア」なんて思いつつ安心して帰る人もある。丁度慧可禅師みたいな人は、迷いを探して見ろと言われて、一寸探して見着からないからやはり無いのかしら、とそう思って心が落ち着いた。その落ち着いた途端に迷いがなくなったのであります。これは恰度、水が濁っている姿によく似ております。水が濁っているのは何故濁っているのかというと、水は濁ってはいはしない。ただ落ち着いておらぬだけであります。水は常に水で酸素一原子と水素二原子の化合體で透明であるのです。どんなにしても、水は酸素一原子、水素二原子の化合物以外の、泥の這入った水などというものは世の中にどう探してもないのです。泥は泥であり、水は水であり、決してこれは混りませぬ。物理的に検査したら、それは水が落ち着いておらぬから、中に這入っているごみと一緒になって見えるだけで、決して水そのものは不透明になっていませぬ。水は始めから透明なわけであって、どう濁すことも出来ないのであります。

三

それと同じように、人間は始めから佛のいのち、神のいのちであって、どうすることも出来ないのです。濁らしてやることも迷わしてやることもどうすることも出来ない。それは水をどうしても濁らしてやる訳には行かぬと同じです。ただ落ち着かぬだけのことです。落ち着いたらいいのです。

吾々は罪といい、迷いというけれども、そんなものは何も恐ろしいものでも何でもない。積極的にあるものではないのであって、そんなものは放してしまえばいい。放すということが大切です。趙州《じょうしゅう》和尚のところへ或る坊さんがやって来た。そしたら趙州和尚が「そんなもの担《かつ》いで来るな」こう言ったそうですね。「何も担いでいません。何も持っていません」と言ったら、趙州和尚が「そんなに持っていたければ担いで行け」と言ったそうであります。この人は、「何にも持っていない」ということを担いでいたのであります。

中々吾々は何も握っていませんというけれども、本当は何か握っているものが多いのです。「先生、私は皆な放しました」こういう人があるかもしれませんけれども、みんな放すという事は中々難しいのであります。放す事は中々難かしいが放したら自由自在であります。放さないから凝り固まっているそこだけが迷いなのであります。「迷い」というものが頑としてあるのではないのであります。迷いとは凝り固っている一つの状態であります。状態ですから、状態は移り変るものでありますから、確乎として、儼然としてあるものではない。ですから状態は放してしまえばいいのです。放してしまえば状態は移り易《かわ》る。何でもないのです。何でもないけれども難かしい。難かしいと思えば難かしい。だから「迷いを持って来い」と達磨大師が慧可禅師に言った。そしたら持って来られないから、ないのだと、こういうことに気が着いたのであります。迷いが無いと気が着いたら心が落ち着く。そしたら自然と實相が、現われるわけであります。實相はあるのに決っているのです。實相とは實のすがたですから、真實の相だ、噓のすがたではない。本当の相だからそれはあるに決っておるのです。ですから、迷い見たいなものに吾々は執われたらいかぬのであります。

四

今までの宗教は、善いことも言っておりますが、どうも迷いの方を強調する傾きがあったから効果が少なかったのです。というのは人間は罪人である、迷えるものである、罪悪深重《ざいあくじんじゅう》の凡夫である、こういうような事を概《おおむ》ね言ったのです。罪悪深重《ざいあくじんじゅう》罪悪深重《ざいあくじんじゅう》、こういうのですから、その念に縛りつけられてしまって、そして折角、心が實相の方に向いて行こうと思っても、こんなことで救われるのかしらと思うような人も亦《また》出て来たのです。或る宗教の信者は、阿弥陀さんに救われるのだけれども、それは死んでからだけが救われるのだと思ったり、今生きている間は迷っていることが仕方がないものだ、それでも死んだ時だけは救われるのだから安心しておればいい、併し生きている間は凡夫なんだから安心して、悪いことすれば好い、そういう心になった人もあった。耳四郎《みみしろう》という泥棒は、法然上人《ほうねんしょうにん》のところへ忍び込んで上人の説教を床の下から聴いておって、そして「ああ私見たいな泥棒でも、罪深い者でも救われるのか、有難いな」と思ったら、感極まって、涙がさんさんと零《こぼ》れた。そして死ぬ時まで安心して泥棒したそうであります。それは何故そうなったかというと、死に際にはキット救って貰えるということと、生きている人間は本来凡夫で、悪いことをするのは当り前のことなんだと思ったからです。悪の存在をみとめたからです。認めるものはあらわれるのです。

法然上人でさえも止め止めんとしても止まないところの煩悩の心があるのだといわれた。況《いわ》んや俺なんか泥棒したとてそれは当り前のことなんだ、泥棒というものは現世の中に生きている限りはあるものだと思って、「泥棒」の存在を心で把んでおる。死ぬ時でないとそれが離れないものだと、そう思って把んでいるものだから、心に把んでいるものが顕われる訳で、死ぬ時まではその「泥棒」が消えなかったのであります。ところで生長の家ではどう観るかというと、死ぬとか生きるとかいうことは肉體の差別だ。そして肉體というものは本来ないもので、本来ないものが、自分の「心の波」で波動を起してその波動があらわれているのが肉體で、本来何にもない「無」なんだというのであります。先日もラジオで、理学博士で大学教授の人が「研究夜話」という題で、物質というのは結局無いものだということの話をしておられた。理学博士でそれが最近の研究だといって話していらっしゃるのだから間違いはない。そして言われるのに――物質の分子というものは、互いにバラバラになって離れている。その離れた空間のアキの広さは物質の分子の大きさの千倍位も離れている。空間の方が多くてその分子という塊の方が千倍も小さい。そのまた分子は電子というものが集まっている。その電子は密集しているのではなくて、互いの間に、空間即ち真空がある。その真空のところの広さは又電子の一萬倍もある。そういうように世界というものは物質的カタマリかと思ったら真空ばかりだ――とこの教授は放送されました。(近代の電子物理学に就いては拙著『静思集』参照)また言われました。――地球から離れて行ったら真空になる。何にもない。併し何にもないから、何にもないのかと言うとそうじゃない。或る働きがあってラジオの波とか光の波とかいうものがそこから伝わって来る。それは何にもなくして、一切がある。「無」から一切を生ずる。空即是色《くうそくぜしき》で、空の中に物質をして斯《か》く生ぜしめるところの「不可知のエネルギー」がある。その真空を電気が伝わるとか、ラジオの波が伝わるとか光が伝わるとかいうのは、その分子と分子との間の真の空なるところを伝わって行くのだ。その真の空なるものを物理学者はこれをエーテルと称しているのである。エーテルと言っても、エーテルというものがあるのではなく真の空のことだと、こうその物理学の教授は言われたのであります。それからまた言われるのに――その真の空なるものは、地球から真空圏まで飛行して行く必要はない。どこにも手近にあって物理学者が研究することが出来る。ところが、實験していると、その電子という微粒子が、その「真の空」なるエーテルから、ひょっこりと出て来たり、又ひょっこりと消えることが分った。何にもない真空といい得るものから物質が生まれて来、また滅し去る。その不思議が分って来たけれども、こういう問題を詳しくいうと難かしいから今晩はこれだけにして置く――というような意味でありました。これは最近の物理学の数学の式などを抜きにして判るところの極《ご》く通俗的な解説でありますが、これだけでも、物質は真の「空」なるところから出て来たのだ、「空」の変形したものが物質なんだ、そうすると肉體なんかないのだ。真の「空」なるものが変形してこんな恰好をしておるのだということがわかります。

五

そういう風に最近の物理学でも肉體はないということをちゃんと言っているのですけれども、その言い方が少し廻り遠いのであります。真の空なるものとか言いましたり、真の空なるものを名付けてエーテルという、というような物理学的解説を施しているのであります。だから、やはり「物質」もある、「肉體」もあるというような感じがしてまいります。

ところが、生長の家では、簡単に「物質はない、肉體もない」こう言い切るのであります。廻りくどくなく、直截《ちょくせつ》的で端的な言い現わし方をするものですから、悟れる人が多いのであります。端的というとジカに的にあたる、「端」という字は正しいという意味です。端然と坐るとか、端正とかいう。端《ただ》しくピタリと「的」にあたるのが端的であります。禅宗では普通に遣《つか》う言葉でありますけれども、時々通俗化して間違って使っていらっしゃる人もある。そこで物質はエーテルの現われである、そのエーテルは無い、エーテルは如何にしても捉え得ない、などと言いますと、廻りくどくてエーテルは無いのかもしれぬが、物質はあるのかもしれぬような感じがして来ます。端的に言っているのでないからこうなるのです。ところが「物質なし」「肉體なし」というと、端的に実際ないということがパッと直《じ》かに的に中《あた》ったように響いて来る。その時、吾々は肉體を超越し、物質を超越し、生命のハタラキのみが露堂々《ろどうどう》と顕われて自由自在のハタラキが出来るようになるのであります。宗教というものは「個中の消息」は別として対他的に伝える場合は、その表現が肝腎でありまして、端的な表現をされると、真理が心に入って来易い。従って、「迷い」が消え易いのであります。「迷い」というものはない、それはただ、心がモヤモヤしている状態で、モヤモヤがなくなったら、もう「迷い」はない。だから端的に直かに「肉體なし」

「物質なし」「病気なし」と言われると、オヤオヤと思って吃驚《びっくり》して、今迄握っていた執着を捨てる。そこで迷いがなくなる。心のモヤモヤが無くなるのであります。慧可禅師が、達磨から、「その迷っている心を此処へ持って来い。迷いはもうないのだ」と言われて、ハッと気づいたと同じことであります。「迷い」はないのでありますが、あると思っていると、ないものがあるように見えるのであります。

六

さて、物質もなく、肉體もなく、「迷い」もなく、人間はただ神のいのちである、といたしますと、その人間は神のいのちだという「實相」はどんなものだろう、と思われるでありましょう。禅宗では「本来の面目」などという言葉があります。「本来の面目如何《いかん》」とか「父母未生《みしょう》以前の面目如何」とかいうような公案が出ることがあるそうです。一所懸命、心に捻じ鉢巻をして坐禅をして考える。父母未生以前の本来の面目――一體どんなものだろう。禅宗ではこれをどう解決した者に允可《いんか》を与えるのか知りませんが、面目という字は面《かお》と目と書いてあるのです。實際、人間のいのちそのもの、物質ならざるいのちそのものに面とか目とかがあるのだろうか、とかいうこれが問題なのでありますが、その本来の面目は「空」である、とこういうように思っている人もある。これも一つの公案の解決であります。先刻の新興物理学の話でいうと、物質の分子と分子との間にある真空の、真の空なるもの、そこからひょっくりと電子が生まれて来たりして物質が現われて来るのだ、そして物質なるところの目鼻のある、形のあるものの出て来る前は、真の空なるものであって、何にも目鼻立ちなどはない。だから人間の本来の面目は「空」なるものである——そういう風に解決している人が多いようであります。今までの佛教家たちは、どちらかというとそういう風に思っていらっしゃる方が多いのではないかと思うのであります。尤《もっと》もみんなの佛教家に聞いたわけでないから、それは断言出来ないのですけれども、私の読んだ限りの佛教家の書いたものを根拠として判断しますと、どうもそういう風に思われる節があるのです。

ここで申し上げたいのは、生長の家は佛教家から時々、「あれは正当の佛教でない。あれは外《げ》道《どう》だ」というような批評を聞くことが往々あります。併し外道が悪いということはないのです。外道というと、外の道と書いてあるのですが、お化けのことでも鬼のことでもない。外道というのはお釈迦さんの説いた佛教ではないというだけのことです。キリスト教などもお釈迦さんが説いたのではないから外道であります。佛教よりも立派な道が外道にあるかもしれないのでありま す。

橋本徹馬氏の『紫雲荘百話』という本の中に、生長の家の批評を書いてあるところがありま す。氏はヘッケルの『生命の謎』という書物を引用して、物質は無・ただ生命のみ實在するとい うと、結論に導いているのですが、その書の一節に、ある佛教の大家が生長の家は佛教の本物で ない。こういう批評しているけれども、佛教の本物で挙げているような功績よりも、まだまだ實 際に色々の奇蹟を現わし、神秘を現わして、人間を一層本当の人間たらしめ、死生を超越せし め、世の中を實際に救っているような点から言ったならば、佛教の本物かうそ物か、そんなこと はどうでもいいではないか——と言って批評を書いていらっしゃるのであります。橋田邦彦氏の 本にも「あんなに佛教が何派にも岐《わか》れておって、みんな自分が正しい正しいと被仰《おっしゃ》っている。こ れを思ったならば、佛教の本物なんてどれか判らないじゃないか」と書いてありました。印度《インド》渡 来の本物であろうが、舶来でなかろうが、日本で出来たものであろうが、出所《でどこ》が何所《どこ》かというこ とよりも、その教えが真理であって、もっと立派に役に立ったらその方が却って好いのでありま す。ところが佛教の本物に属する方の人でこういう説き方をする人がある。「實相は空なり。空とは変化無常のすがたなり」（大谷光瑞全集）そうすると「實相を生きる」とは変化無常のすがたを生きるということになり、何ら理念も理想もなく、無常の流転に身を委せるのが「實相を生きる」ということになります。これはギリシャの哲人ヘラクライトスが萬物は火で出来ているといったのと同じであります。萬物は火で出来ているとは、萬物は常に燃えている姿だ、常に変化している相だ、何も常立《とこたち》のものはない、ただ変化無常の原理だけが変化しないということになるのであります。

ある派の佛教では無常のみをとって常立《とこたち》（金剛不壊《こんごうふえ》）ということを否定する。しかし、涅槃経《ねはんぎょう》には常楽我浄《じょうらくがじょう》ということが説かれておりまして、空の奥にある妙有實相《みょううじっそう》の不滅存在を説いているのであります。常楽我浄の「常」ということは無常でない、常恒不滅の存在だということであります。龍樹菩薩《りゅうじゅぼさつ》が龍宮海に入って持ち来《きた》ったという華厳経《けごんぎょう》にも空無の奥にある實相世界の荘厳きわまりなき状態が書かれているのであります。

龍宮海とは「ウミの底」にある、即ち「創造《うみ》の本源《そこ》」の世界であって単なる「空」の世界ではないのであります。

もし、何ら人生に不滅の理想がなく、変化無常だけが實相であったなら、吾々が實相を生きるときどうなるかというと、「どうせ流るるままに、漂える姿に流れて行けばそれで好いのだ。無理想、無理念で時の推移に迎合して、文句なんて言わない。唯浮草のように漂うて行けばいいのだ。流るる儘に流るるものを委して行けばそれでいいのだ」ということになる。それでは浮《う》き川《かわ》竹《たけ》の遊女見たいな生活になって参ります。そこでは人間は無気力になり、生き甲斐を感ずることが出来ません。

佛教と生長の家とは、無我全托《むがぜんたく》（帰命無量寿如来《きみょうむりょうじゅにょらい》）の精神に於いて、素直に「ハイ」と随順する精神に於いて、非常によく似ているけれども、最後に重大なところが異《ちが》うのであります。それが異うと解る人は偉いのであります。好い加減に見て、原始佛教も生長の家も同じだ位に思っている人もあるけれども、あれは一寸《ちょっと》異《ちが》う。日本大乗佛教になったり、法華経《ほけきょう》の如来寿量品《にょらいじゅりょうほん》のところなどは生長の家と同じであります。けれども、小乗佛教、原始佛教とは一寸異うところがある。何も日本の佛教が印度のそのままの佛教、印度や唐宋に現われた正統の佛教でなければならぬことはない。例えば印度の棉《めん》よりも日本の絹の方が上等であれば、何も印度から来た棉ばかりに頼る必要はない。日本の絹に頼っても好いように、日本的な佛教が出来てもよい。また出来なければならぬと思うのであります。

尤も、生長の家は、佛教の革新派でもなければ別派でもありません。どんな宗教もその真髄に入って行けば一つになる。真理は一つであるからその真理のところだけを説いて行ったら、宗教は一つになるより仕方がないではないかというのであります。宗教争いなどは、一時的な地域的なその時代に迎合してとかれているところに凝りかたまるから起るのであって、そんな偏った部分は、宗教の本物ではない。その夾雑物にこりかたまるから争いが起る。そういう争いを捨て、各宗教合同して「無宗派的な宗教」を説こうというのが生長の家であります。

第四章　人生の価値ということ

一

一體、人間の値打ちというものは何処《どこ》にあるか。人生の生き甲斐は何処にあるか、今日はその人間の値打ち、人生の生き甲斐について考えて行きたいのであります。皆さんは生きていられる限りは値打ちある生活をしたい、こうお考えになるに違いないと思うのであります。生きている限りは値打ちある生活をしたい。その値打ちある生活とは何でしょうか。中には長生きしたいという人もあり、出世したいという人もあり、金を儲けたいという人もあり、持ち物を沢山持ちたいという人もあります。けれどもその持ち物を持ちたいと思い、出世したいと思い、長生きしたいと思うのは、その長生きとか出世とか持ち物とかというものに、何か値打ちがあるかと思っていらっしゃるから、それをつかみたい、こうお考えになるに違いないのであります。がらくたを集めておいてこれをお前にやるからと言っても中々皆さんはそれらを喜んで持ってお帰りにならない。皆さんが吾々のような団體の御料理をなさいますと、その材料に使った野菜などの切端《きれはし》が沢山出る。大根の尻尾《しっぽ》とか赤葉《あかば》とか、野菜を縛った藁《わら》の切端《きれはし》とかのごもくが沢山出るから皆《みんな》あんたにあげますから持って帰りなさいと言っても、誰も持って帰りはしない。それどころか、こういう大きな団體で出来る大量のごもくは、市役所で集めに来て貰うために毎年莫大な金を市役所に納めなければ持って帰ってくれないのであります。そうすると、がらくたの物が一杯沢山あるからといって、それは値打ちがあるということは出来ないのです。嵩《かさ》が多いからと必ずしも値打ちがあるというようなものではないのです。花王石鹼の副社長をしていた山崎高晴《やまざきたかはる》さんという人は、この人は幼いときから一風変った偉い人でありました。子供の時分に自分で何か素晴しい仕事をして出世をしようと考えたのです。併し人がもうやってしまったようなものをいくらやっても駄目だから、人のやらないようなことで、そしてすべての人に必要のことで、まだ今は人がそんなにやっていない、まだ日本で始めかけているようなものを研究してやったら屹度繁昌し出世する——こうお考えになったそうです。まだ日本にそんなに行われていないけれどもこれから大いに発達するもの、そして凡ての人に入用なもの——と考えていますと、それは西洋料理と考えついたのです。その時分には——山崎さんは私と同じ位の年代の人ですから、今から五十年前位のことですね——まだその山崎さんが十歳位の子供の時です。その時分には西洋料理がそう流行《はや》っていない、しかも食品というものは萬人が必要とする、これだとお考えになった。そこで西洋料理というものを拵えて、大いに勉強して弘《ひろ》めたら、大いに繁昌し富豪になるという様なことをお考えになったそうです。尤もこれは明治時代のことですから、立身出世主義の精神がさかんでありました。こういうわけで、山崎高晴さんはその当時コックの見習小僧として或る西洋料理屋へおはいりになったそうです。やって見ると、そんなことをして居ってもつまらない。それから関西学院というキリスト教のミッション・スクールにお入りになって、そこを卒業しましてから、同志社の神学部に御入りになった。神学部に入って居っても、やはり他の何かの学課の講義もあるらしい、ある教授が「物というものはあまり沢山あったら値打ちが零《ゼロ》になる」という講義をしたのであります。ダイヤモンドでも値打ちがあるのは、物が少ないからダイヤモンドが少ないから価値があるので、あれがザクザクと、地面中ダイヤモンドばかりだったら、それは石塊《いしころ》のように値打ちがない、物というものは少ないから値打ちというものがあるのだ、と講義に聴いたのだそうであります。その後、試験問題にそれに類する問題が出たのであります。そうすると、山崎さんは、「物というものは有りすぎたら値打ちが零《ゼロ》になると先生は被仰《おっしゃ》ったけれども、それは間違いだ、物というものは有り過ぎたら値打ちがマイナスになる」とお書きになったのであります。例えば石炭の燃え殻《がら》でも少しであったならば道が一寸凹《へこ》んでいるようなところに、道普請《みちぶしん》に持って行って固めておくと道が平《たい》らかになって都合が好い。併し石炭ガラも余り沢山になって来ると、誰も貰ってくれない。吾々の団體の宿舎の浴場に焚《た》く石炭でも随分その燃え滓《かす》が出来ます。あれを取り除いて貰うためにはトラックをやとって来て、大変な費用が要《い》るということになっている。乃《すなわ》ち、少量の石炭殻《がら》なら役に立つけれども、多過ぎたら却って費用がかかってその値打ちはマイナスになるという理論を答案にお書きになった。するとその経済の先生は吃驚《びっくり》して、「この生徒は自分の教えない理論を書いている。中々頭の良い男だ。君は神学部にいるけれども、経済学部に転学したらどうか」ということになり、経済学部に転ぜられたそうであります。

二

私が此処に言おうとするのは経済上の価値のことを話そうとするのではありません。ただこの實例を引いたのは、価値というものは物質そのものの量にないこと、調和にあること、時と処《ところ》と物と人との調和、即ちものの「間」にそれらを一貫して生かしている生命があらわれることが価値なのだという倫理学的又は、哲学的価値の本質を分らすために譬喩《たとえ》にひいたのであります。「物」そのものに価値があるなら「物」が多ければ多い程価値が増すのですし、「心」そのものに価値があるならば「心」ばかり「精神」ばかりで価値が出てくるのでありますが、そうはまいらない、それを「一」に結び合わすところの本源の「一」のみこころに随《したが》って、心も物も所を得せしめたときに全円的な価値が出てくることを私は説いているのであります。

山崎さんは最初ミッションに入って基督教《キリスト》であったけれども、基督教に満足しないで他の色々の宗教に教えを求めて歩かれたのであります。日本にもよいものがあろうと、こうお考えになって、それから神道を研究したり、佛教もお漁《あさ》りになったりしたのであります。当時南天棒《なんてんぼう》と言われる偉い禅宗の坊さんがあったそうですが、その坊さんの事を知って、そして教えを受けようと思って出かけて行かれた。すると、小僧がやって来て、「お待ち下さい」と言って、暫く待たせられていると、やおら南天棒老師《なんてんぼうろうし》が出てこられて、さて小僧に「お客様にお茶を差し上げろ」と被仰《おっしゃ》る。小僧さんが満々と湯呑《ゆのみ》に一杯のお茶をついで差し出すと、南天棒老師は、「お茶を召し上れ」と被仰る。山崎さんが、言われるままにそれを飲むとまた注《つ》いでくれる。また「飲みなさい」といわれる。また飲む。また注ぐ。また一杯注いで出す。もう飲めないと思っていると、また「飲みなさい」と言われる。しまいには咽喉《のど》まで茶が一杯になって一寸でも横になるとこぼれそうになって来た。山崎さんは「もうこれ以上はいりません」こう言ったと思うと、南天老師はスッと起き上られて、唐紙《からかみ》を開けてスッと姿を消してしまわれた。山崎さんには何のことか訳が解らない。小僧さんもいつの間にか姿を消した。山崎さんはじっといつまでも待っていたが誰一人出て来ない。「困ったな」と考えている裡《うち》に、気が着いたというのです。「自分は色々の学問を修め、あちこちの教会を訪れ寺院を訪ね、色々の宗教的教養というものをこの湯と同じように咽喉元まで一杯に注ぎ込んでいる。そしてまだ何かあるかと思って、南天棒師を訪れて教えを聴こうと思った。その私はもうこれだけ知っているという天狗になっていた。此処まで教えを知っている、その上にもう一つ得たいというような増上慢な気持ちであった。これが間違いだったのだ。その心を見抜いて、それ以上幾ら注ぎ込んでも何にもならないから、容れることが出来ない、本当に教えを受けるつもりであったら、『私が、私が』という鼻にかける心を捨てて、空っぽになってやって来いということを示されたのだ」こう気が着くと忽然《こつねん》悟って、山崎さんはお帰りになったということでありますが、それは御本人から直接聞いた話で、作り物語ではないのであります。

三

或る人が「君とお酒を飲みっくらをしようか」と言ったそうです。「いや、僕はお酒はよう飲まんから、君はお酒を飲むなら、僕は水を飲む。お酒と水との飲みっくらなら出来ない事はない」「それじゃ、お酒と水を三升ずつどちらが早く飲めるか競争しよう」と両方から飲み始めた。最初は水を飲む速力の方が早い。一升位は何でもない。お酒の方は、そう一遍には飲めない。チビリチビリやっている。始めの頃は酒の方が負けて居ったそうですが、だんだん一升二升となって来ると、水は味がなくなって来て中々咽喉へ入らない。それでも一所懸命飲んで居ますと、酒飲みの方では「私は小便するのだけは我慢して貰わなくてはならん」と言うので、お酒飲んでは厠《かわや》に行くのです。というのは、お酒は咽喉の辺りからもう吸収されて、私などは奈良漬のアルコール分だけでも咽喉を通る刹那にパッと目元が熱くなる、水は腸に行かぬと吸収されぬから胃袋で長い間溜っていて、次に飲むのに邪魔になる。そして、お酒を飲む方が追い着いて来て二升五合あたりになると酒を飲む方が勝ちそうになる。併し一方は負けてなるものか、一遍に飲んでも水のことだから毒にならんと思って、三升の一番終いの所をグッと飲んだというのです。早さではこうして水の方が少々ばかり早く飲めた。ところが水を飲んだ方は間もなく真蒼《まっさお》になって七転八倒苦しみ出した。そして医者を招んで来る、大変な騒ぎになって辛うじて命を取り止めたのです。そうすると水もコップに一杯位は有難いけれども、有り余ったら有難いものかどうか判らない。水も飲み過ぎては死ぬるのです。やはり適量というものが必要になって来る。時と場所と人と、三つの相応というものがあって、初めて水が吾々の栄養になり、吾々を生かす力になる。何事によらず三つの人と場所と時の三相応があって初めて「善」となるのでありまして、生長の家の教えに人時《にんじ》処《しょ》の三相応ということが説いてあるのがそれであります。その相応を得ることが「和」という意味であります。『中庸』に「喜怒哀楽未《いま》だ発せざるを『中』と謂《い》い、発して節にあたるこれを『和』と謂《い》う」と書いてありますが、「和」が得られるとき天地の萬物何物も吾々を害することが出来ないのですが、「和」を得ないとき、御飯でも水でも吾々を傷つけるのであります。

四

長崎に行くと、高原という医学士で、どんな病人が来ても、「お前水飲んで置け」と言って水を呉《く》れる。そして大概水を飲ますだけで治るのです。人彼を称して「水医者」と言っているが、随分はやっている。こんなのは人と場所と時と相応を得た時に水が薬に変じて来るのでありま す。凡ての物質は、水でも食物でも毒薬でも、本来毒に非ず、薬に非ず、人と場所と時との調和によって薬となり、不調和によって毒となる。物質そのものは毒に非ず薬に非ず、無自性なのであります。そうすると物そのものに値打ちがあるかというと値打ちがない、ということが以上の實例でお解りになったと思うのです。物そのものに値打ちがあるのだったら、値打ちのあるものを幾らプラスしても、沢山値打ちが重なるばかりだから値打ちが零《ゼロ》になる筈がないのです。多くなれば多く値打ちがある訳なのですけれども、そういう風に物がありすぎたら零になって、まだまだあり過ぎると、却ってマイナスになるということは、物そのものは無自性であって、値打ちがないことをあらわしている。物の値打ちというものは何処から出て来るかというと、それはいのちの法則によって出て来る。時と場所と人との三つの相応を得たときに、そこに法則が働いて出て来る訳です。値打ちというのは法に適《かな》うからこそ値打ちがあるということになる訳です。餓えて水がなかったら死んでしまうというときには、水は千金の値打ちがある。三升の水を無理に飲んで死ぬるというときには、そんなものは三文の値打ちもない。物質は則《のり》に随って価値を生じたり失ったりする。そうすると物質そのものには値打ちが無いということはそれによってお解りになると思うのです。骨董品が値打ちがあると思って集めている人がある。蒐集癖で切手ばかり集めている人もあれば道具ばかり集めている人もある。色々の石塊を集めている人もあるけれども、中にはお金を集める癖の人もある。お金も適当の量の時には、値打ちがあったのですが、あり過ぎたら、三升飲んで死にそこなった水見たいに却って値打ちがなくなる。そういう人は、そのお金を自分のところへ貯めて置くよりは人のためになるように投げ出す方が、却って自分にとって毒になりませぬ。

或る所にお札を貯めるのを楽しみにしていた人があった。そして毎晩人の寝静まった時分に、お札一枚ずつ平たく置き並べて、その面積の殖えるのを楽しみにしていました。皺《しわ》の寄ったお札はみんな鏝《こて》で皺を伸ばして、新しい札見たいにして並べるのが楽しみだ。だんだんお札の面積が殖えてくる。これを見るくらいその人にとって楽しいことはない。しまいにお札が余りに一杯になったので自分があと退《ずさ》りあと退りしつつ並べていると自分の足の踏場がなくなってもう一歩後ろへ寄った機《はず》みに二階から墜落して死んでしまった。そういう人もあるのです。そうするとお札というものは並べている間は値打ちがあったけれども、並べられない程沢山になって来たら、とうとう人間が墜落してマイナスの値打ちに変ってしまった。こういうように時と場所と人との三相応が破れたら却っていのちを殺すことになるのです。この時と場所と人との三相応にかなうことを法にかなうという。法に適えば値打ちが出て来る。法に値打ちがある。法も則《のり》もノリですが、ノリという語は「宜《の》り」という語源で、ミコトノリである。神様のミコトノリが法則であります。神様のミコトノリに随《したが》ってこの世界のすべてのものはこれこれかくかくの法則によって働くのであるという一貫して変らないところの宇宙の法則というものがあるのです。自然界の法則はその「ノリ」の一部分の現われでありまして、自然界の法則というものを軽蔑してはならない。生長の家は決して自然界の法則を軽蔑したり無視したりするのではありません。人間の心の法則も、自然界の法則の一部でありまして、これを人間が利用して処世の道に、人生を厚《こ》やす道に、それを使おうではないかと言っているに過ぎないのであります。

そこで物本来無自性ということが分り、吾々が値打ちある生活をしようと思いましたならば貯めるのが値打ちある生活でもなければ、自分の支配する分量が増えるのが値打ちでもないことがわかるのです。真に値打ちある生活は宇宙の法則、自然の「のり」、天の道というものを自分の生活に生かして行かねばならぬ。その時に、値打ちというものが自然に現われて来るのであります。神はコトバであって、コトバは「のり」（宣《のり》）であり、音《ね》であります。音は根であり物の値と語源が同じである。そこで吾々の値打ちある生活というものは、その人が本当に則を生きているかどうかということだと知らねばなりません。孔子は七十歳にして『心の赴くところに従って矩《のり》を踰《こ》えず』と言われた。孔子のような偉い人でも七十歳にならぬと心の赴くところに従って矩《のり》を踰《こ》えずという境地にならなかったそうですが、この心の赴くところに従って矩を踰えずという境地が最後の高い価値生活の境地であると思います。何故心の赴くところに従って矩を踰えないのが最高の価値生活、最高の道徳的段階であるかと申しますと、矩なるものは神様の宣言《のりごと》であり神様のミコトノリであり、宇宙の法則であり、その法則こそ本当の値打ちであるからであります。「値打ち」を生きるということは、取りも直さずミコトノリがそこに行じられているということにほかならないのであります。あの人は値打ちある人だということは月給を余計貰う人でもない。金を沢山儲ける人でもない。月給や金を余計儲けて、お妾《めかけ》を三人程拵《こしら》えてあちらで痴話《ちわ》喧嘩《げんか》こちらで痴話喧嘩をして、それで立身出世したところが、そんな人の生活は「のり」の生活を営んで居りませんから、その生活は値打ちのある生活をしているというわけには行かない。又値打ちある人間だというわけにも行かない。寧《むし》ろ値打ちがマイナスになっているともいう事が出来るのであります。誰でも「あの人は値打ちのある人だ」と言われる場合には、それはその人の生活が「のり」の生活を営んでいる場合に限られておるのであります。

第五章　そのままの生き方

一

生長の家の教えは別に私が始めたものではないので、昔から天地に充ち満ちているところの真理なのであります。天地に充ち満ちているから「ミチ」と言うのでありまして、天地一貫古今に通じて誤らない真理を説いているので、其処《そこ》に存在価値があるのであります。すべての宗教が皆大なり小なり、同じような天地の真理を説いているのでありますが、唯、その説き方が古くして時代に適しないものや、真理は正しくとも時代即応でないものや、新興宗教のように現代向きに説かれているものや、又やさしく世俗的に説かれている天理教のようなものや、難かしく禅学のように説いているものや、金光教のように日常生活の道徳を説いているものや、御利益《ごりやく》一点張りに迷信臭く説いているものや、生長の家のように、實相と現象との實践哲学を説いているのもあります。それでは宗教というものは一體どんな真理を説いているのだ、その共通的真理はどうかと言いますと、吾々は救われたい、こう思っているのであります。其処に救済の本尊を建ててその無限の愛と結び附こうとするこれが宗教であります。救われたいと言うのは、何故救われたいと思うかと言いますと、それは、初めから救われている實相を吾々が有っているからであります。初めから吾々が汚いのが当り前でしたら、それであったら別に救われたいとは思わないでありましょう。例えば、吾々がもしお便所の中を泳いでいる雪隠虫《せっちんむし》だったら、「此処が嫌らしいから、救われてもっと上に上りたい」と思いはしないのです。それは当り前で、臭い厭《いや》らしい中が却っていい匂い、芳香馥郁《ほうこうふくいく》たる感じがして泳いでいるのだろうと思うのです。それは雪隠虫にとっては、あれはあれで当り前の生活でありますが、人間が救われたいというのは、「今の生活」が当り前でない、こう内部から囁《ささや》きかけて来る何かが、自覚が何処かにあるからであります。この「今の生活」ではいけない、この儘では可《い》けない、当り前でないと、どうして吾々は思うのでしょうか。考えて見ますに、それは「今の生活」より尚一層進んだ完成したものが、換言すれば、「一層救われたもの」が内部にある。その「一層救われたもの」が、初めから内部にあって、それが恰度地中の種から芽がきざすように萌《きざ》して来るからであります。春になると木の芽が出るように内部にある「一層救われているもの」が芽を吹いて来る。芽を吹いて来る頃になると芽の形はまだ完全に立派にはなっていないけれども、何となしに、もっとよくなりたい、「今の生活」のままでは当り前ではないという気が萠して来るのであります。お便所の中を泳いでいる虫も或る時期が来るとだんだん上へ這い上って来る。あれは便所の中を泳いでいるのが、それまでは当り前だと思っておったのが、「お便所の中に自分は泳いでいる筈ではなかったのだ」という實相の内部的な「目覚め」が内部からこみ上げて来るのであります。そうして雲隠虫はようようと上に這い上って来て、さなぎのような形になって壁に付く。軈《やが》て蝿見たいな姿になり、天人のように自由の境涯に飛び出して空中飛行をする。蝿見たいな姿になると、それはうんこにも汚れていない綺麗な虫なのでありますが、その綺麗な姿は、蛆虫《うじむし》の形でお便所の中を泳いでいた間には、本来なかったかというと、やはりその蛆虫の内部にその實相としておったのです。蛆虫の内部に――内部と言っても腹の中という訳ではないけれども、蛆虫の實相の中に――それは蛆虫の胴體を切って見ても、羽根《はね》の生えた自由自在の蝿の姿というものは見えないけれども、併しながらうんこの中を泳いでいる蛆虫のいのちの中に既に、それは顕微鏡で見たら物質的には何ら分らないのだけれども、そこにやはり羽が生えて自由自在に飛び廻るところの蝿の「本物のいのち」が既にそこに宿っていたのでありまして、その内部實相がだんだん目覚めて来ますと、もううんこの中を泳ぐことに満足せず、お便所の縁にずんずん這い上って来る。終におとこの便所の細い孔から這い上って来て、廊下をうろついていることも時としたらあるのであります。このうろついている姿が、何処かに往ったら救われるかと宗教巡禮をしている人間の魂の姿なのであります。

二

そういう風に吾々も何処へ行ったら安住の地が得られるであろうかと思って、うろつきまわる――そして此処こそ本当の救いのいます本尊かとたずねて救われたいと思っていろいろの宗教を巡禮して歩くのであります。その巡禮している衝動の中に、欣求浄土《ごんぐじょうど》の中に、既に浄土があり、既に救われていて、軈《やが》て自由自在の羽が生えて美しき姿になって飛べる本性――即ち「神」なる實相「佛《ほとけ》」なる實相というものがあったのであります。その本性、その實相がなかったらそういうことは起らない。ですから宗教で救われるということは、「初めから救われているもの」が自分の中にあるということであります。これを称して生長の家で人間神の子と言っているわけであります。蛆虫なら「私は蝿の子だ」と言っているかもしれませんけれども、吾々人間は、「人間は神の子、佛の子だ」とこう言っているのであります。即ち、吾々が宗教によって救われる原理というものは、「初めから神なるもの」「初めから佛なるもの」が自分の内にあるので、それを實現しようと思って、そしていろいろの教えというものを探って歩くというような過程をもって顕われるのであります。尤《もっと》も宗教など探して歩かない人もあるのです。それは便所の中を当り前に泳いでいる蛆虫の中にも、必ずしも上を向いてうろつき廻らないでいるのも混っているようなものです。それはまだ時期が来ていないのであります。時期が来て蛹《さなぎ》になるときには液體の中にいたら都合が悪いから必ず上を向く。皆さんのように時期が来て、何とか救われたいと思って宗教を求めていらっしゃる方は兎も角上を向いている人です。これを禅宗では向上という。上を向いて来る衝動の中に、既に佛なるものが目覚め動いているのです。自分はよりよき状態に迄救われたい。こういう風になって来るのは内在の「佛性」「神性」が大分熟して来たのであります。お釈迦さんは縁なき衆生は度《ど》し難《がた》しと言われましたが、縁のない者は一人もない。ただ機縁が熟しないのです。機縁の熟しないものに、お前そんないやらしい所を泳いでおったら気の毒だと言っても分らない。分らない所ではない、その程度のものはそんな上の方へ上って来たら却って身體が乾燥して死んでしまうかもしれない。やはり蛆虫の姿でいるべき時代には蛆虫見たいなもののいるところにおるので生活が出来るのであります。凡夫の時代はそのままで好いのであります。しかも凡夫の中に既に「佛」が宿っている。凡聖不二《ぼんしょうふじ》であります。蛆虫と蝿とは本来不二であるのと同じ理であります。

三

人間もやはりそれと同じことで、機縁の熟しない、まだ天人のように自由自在の境涯に羽化登仙《うかとうせん》する内部的生命の熟していらっしゃらない人は、やはり五官の世界に、執着の世界に、五欲の世界に、煩悩の世界に泳いでいる生活をなさっているのであります。――併しその煩悩の中に泳いでいることそのことが機縁が熟しつつあることであります。これが煩悩即菩提であります。それはそれで好いのであります。それはそれで好いのであって、蛆虫を泳がせている力も、さなぎにする力も内部から羽の生えた自由自在の姿を現わす力も同じ力、内部に宿る佛性であり神性であります。まことにも煩悩即菩提であり、菩提《さとり》のほかに何もないのであります。よごれている生活をしている力も、それをいやらしいと或る時期まで感じない力も、或る時期になったらいやらしいと思ってそれから逃げ出そうとする力も、道を求め、宗教を求める力も皆自分の内に宿っているところの神性、佛性が斯《か》くの如くあらしめているのでありまして、少しも悪いものはないのであります。ですから、皆それは有難いとして受け容れなければならないのであります。

そう分って参りましたら、そこに悪い人がおりましても、不完全な人がおりましても、あんないやらしいことをすると思うような人がおりましても、それはその人のその時に於ける必要《なくてならぬ》な生活であって、已《や》むを得ざる「過程悪」の状態でありますから、別にそれを咎める必要もなんにもない。それがわかったら、吾々は腹が立たなくなる。ただ祈ってあげたい気持ちになる。あの人はあれで救われているのだと拝めるようになる。「念佛申《もう》す心」というのはそういう境地でありましょうか。法華経にある常不軽菩薩《じょうふきょうぼさつ》は「みんなあなたは佛になる人である」と言って拝んで歩かれた。「俺のようなものがどこが佛だ、いい加減なことを言うな」と言って意地悪を言われ、反抗され打擲《ちょうちゃく》されたという事が書かれていますけれども、それでもやはりあなたは当来佛になる方でございますと言って拝んで歩かれたのであります。それは蛆虫を見れば、「この蛆虫は、必ず蝿になる方でございます。今はうんこに汚れていやらしいようですけれども、その中には少しもうんこの汚れに染《そ》んでいず、空中飛行の出来る方でございます」と言って拝むようなものであります。と言って、今一遍に空中飛行せよと言いましてもそれは出来ないのですから、やはり或る時期までは煩悩の中を泳ぎうろつくことが必要なのであります。このようにして人間は五欲の中を泳ぎ廻り、煩悩の中をさまよい廻っていろいろとやっている内に、機が熟して自然とそのままでは満足出来ない状態になって来るのであります。ですからその煩悩見たいに見えている中に、そこに佛性がちゃんと宿っている。まことに凡聖不二《ぼんしょうふじ》、煩悩即菩提《ぼんのうそくぼだい》でありまして、どれもこれも有難い姿であります。どんないやらしい人でも、皆それは有難い人なんだ、尊い姿なんだ、佛の姿なんだ、こういう風に拝ませて頂くのが生長の家であります。これを「實相を拝む」というのであります。日常生活にも實相を拝むことは大切で、好い人だけを拝んで悪い人は拝まないというようでは、それでは駄目であります。悪く見える人の中にも、「好い人」が既に宿っているのであります。どんな悪人と言われるような人の中にも好いものがある。どんな人の中にも、みんないのちが宿っておるのでありますが、いのちは神のいのちであり、佛のいのちであって、みんな燦然《さんぜん》と輝いている。ダイヤモンドよりもまだまだいのちの光は素晴しい。その實相を拝んだ時に、萬物萬人の中に、その實相を拝み得るようになった時に、その人はまた自分の心の中にある佛性が開いているというわけであります。

四

むかし唐の国の臨済禅師《りんざいぜんじ》が悟りを開かれた時に、「大唐国中を探ぬるに一人の迷える衆生なし」と被仰《おっしゃ》ったそうであります。支那大陸中を探し廻っても、一人も迷っている衆生はない、こういう風に世界を観た人もいたのです。臨済禅師が肉眼を以て見たら、その時にだってやはり唐の国の人には夫婦喧嘩している者もおっただろうし、病気をしている者もおっただろうし、或いはいろいろずるいことをやって監獄に這入っているのも、おったに違いない。それなのに、「大唐国中を探ぬるに一人の迷える衆生なし」です。そういう風にどうして臨済禅師に見えたのだろうかと私も不思議に思った時代があるのであります。ところがよくよく考えて見ますとうんこの中を泳いでいる蛆虫の姿も、夫婦喧嘩して居る姿も、病気している人間の姿も、いろいろ世間苦、人間苦で苦しんでいる姿も、互いに角突き合わせている姿も、その姿の中にそこにやはり佛のいのちというものがあるという事が分ったのであります。つまり穢《きたな》い中を泳いでいる蛆虫の力も、蝿に向上して空中飛行するところの力も、同じいのちの力である。同じ佛のいのちの力である。人間の煩悩の中の姿も悟りの中の姿も、すべて尊いものであるということに気がついたのであります。

成程そう分って見たらどんな喧嘩をしている夫婦も、そこに佛のいのちが出て、かくの如く喧嘩しているのだ、ああしているうちにあれで魂が生長しているのだということに気がつくのであります。労資争闘も同じことであります。争っているように見えているその姿の中に、理想的世界が着々と建設せられている。別に悪いものは一つもなく、皆《みんな》それで救われているのだ。なる程皆救われているのだ。――そう気がついたわけであります。「争い」とか「悩み」とかいうことは、吾々自身――観る人の心の中に「争い」とか「悩み」とか「苦しみ」とかいうものがあって、そうして相手を見るとそれが反射して「争い」とか「悩み」とか「苦しみ」とかいうものに見えるのであります。自分の心の中にないものは見えないものであります。また自分の中にあっても蔽《おお》われているものは見えない。自分の内在生命の中に、吾々は赤とか黄とか紫とかいろいろの色が、既に原型として蓄積されているから、外界に「赤」の色があると、内在の「赤」が触発されまして、「あれは赤い」と感ずるのであります。併し自分の心に「赤」という色が本来なかったら、その赤は見えはしないのであります。外界に見えるものは、いずれも自己の内界を映して見るものであります。「自分」の中にいろんな色が既にあるけれども、蔽われておって、それを刺戟《しげき》して引き出してくれない場合にはまだ見えない。つまり自分の中にあっても、まだそれが目覚めていないものは見えないのであります。

そこで吾々が「いやらしい姿だなァ」と思うのは、自分の心の中に「いやらしい姿」が目覚めている。いやらしい姿がやはり描かれているものですからそういう風に思うのであります。悟後《ごご》の臨済禅師のように、自己の内に「穢《きたな》らしいもの」が悉く拂拭《ふっしょく》されてしまっていたら、すべての人が佛に見える。人間の本当の姿はいやらしい所というものは一つもないのであります。「ここがこの儘極楽《ごくらく》じゃ」と天理教祖も被仰《おっしゃ》った。自分の夫を女中にとられて、そして挙句《あげく》の果てに、味噌汁の中に毒薬を入れられて毒害せられようとしたのですけれども、そして激しい中毒症状を現わして苦しんでいながら、「ここがこのまま極楽じゃ」と天理教祖は被仰った。どうも毒を服《の》んで苦しいのが極楽だというのは、訳が分らないと思われる人があるかもしれませんけれども、天理教祖はやはり臨済禅師と同じように、そこに佛のいのちの歩み、佛の慈悲の御手がちゃんと吾々を導いて下さるところのそのあるものを直接お感じになった。だから、毒を嚥《の》まされながら、苦しみながら、その煩悩の奥に極楽を見られたのです。現象を超えて全ての奥に佛の導きの御手そのものを感じたら、そこはそのまま極楽の外に何にもないのではないかと思えるのであります。

五

自分の心の中に極楽を見、み佛の慈手《みて》を見、み佛の導きの歩みを見た時に、そのとき直ちに「此処《ここ》がこの世の極楽だ」――とこう分るわけであります。一つの部屋へ入りましても、殊更に隅《すみ》っこの埃《ほこり》を見て、「ああこの部屋は埃だらけだ」と思う人もありましょうが、そんなところを見ないで、綺麗なところだけを見て、「ここは天国だ」――こう見ることも出来る。天人の前へ御飯を出されると黒い御飯でも白く輝いて美味しく見えるということでありますが、それと同じように吾々はいやらしい姿が見えなくなることが、その人の心境の進歩であります。いい姿だけが、それだけが見える心になったら、そしたら五官の世界にどんな姿を眺めていながらでも、「これがこのまま極楽だ」こういう事が言えるわけであります。光明思想というものは、要するにそういう暗黒の中にいても光を観る思想であります。どんな暗黒の中にいても光はあるのです。防空の為に燈火管制で全然真っ暗である。空に星すらないという時でも、じっと見つめているとだんだん物が見えて来る。それは暗黒という鬼《おに》があるのではないのであって、ただ光が乏《とぼ》しいだけなのです。併し全然光がないのではない。光は必ず何処《どこ》かから射して来ているから、じっと見つめていると、きっと明るく見えて来るのであります。そして最初はハッキリ見えなかった道が明るく見える。暗い中に道がハッキリ見えて来る。此処に植木が植わっている。此処に家がある、とちゃんと見えるようになって来るのであります。

吾々も心の眼をじっと開いて、人生の暗黒の中に立ってじっとそれを見詰めていますと、どんなに暗い暗い中にも何だか光が見えて来るのです。明るいものが見えて来るのであります。暗いというものは實際ないのであって、自分の心さえ本当に開いたらどんなにでも明るくなって来るのであります。じっと夜の中でも見つめていると明るいように、人生も暗黒の中をじっと見詰めしている内には、ふくろうのように真っ暗な中におってもハッキリ光が見えるようになって来る。そしてこの世界はこのまま光明燦然《さんぜん》たる極楽世界だとわかって来るわけなのです。

こういう風に吾々の心の眼が開けてまいりまして、暗黒の中にも光を見出すようになりましたら、それが臨済禅師が「大唐国中を探ぬるに一人の迷える衆生なし」というように被仰ったことに当るだろうと思うのであります。お釈迦さんも、やはり悟りを開かれた時には、「有情非情同《うじょうひじょうどう》時成道《じじょうどう》、山川国土《さんせんこくど》草木悉皆成佛《そうもくしっかいじょうぶつ》」とこう被仰いました。情《こころ》あるものも情なきものも同時に佛の御姿である。山も川も国も土も草も木も、生きとし生ける凡る《あらゆ》もの皆、佛になっているのだ、こういう風にお釈迦さんに見えるようになったときが、お釈迦さんの成佛したときなのであります。萬物が光り輝いて見えた。生長の家式の言葉をもって言えば、みんな神のいのちであると判ったというのです。天地一切の萬物みんな神のいのちであって生き生きとしている。いのちというものは、本来神から来たもので完全なものだ。充分こちらに視力のない時には、この世界は暗がりの中で、光がないように見えておったかもしれないけれども、そこに既に光がある。蛆虫《うじむし》のように汚いものの中を泳いでいるように見えていても、そこに佛が泳いでいるという事がわかるのであります。ですから、どんなにいやらしい人を見ても、「いやらしい」というような気持ちを起すことなしに「これは尊い姿である。佛様が修業していらっしゃるのだ」そういう風に拝めばいいのであります。蛆虫がうんこの中を泳いでおっても、それは蝿の幼虫が修業していらっしゃるのであります。肉眼で見ましたら、そういういやらしい人間も往々目につくかもしれませんけれども、此処はもっと、實相を観るようにしなければならぬ。それは佛様が泳いで修業していらっしゃるのだと観なければならぬ。――佛様が泳いでいらっしゃる、有難いことだ、勿體ないことだとこう本当に拝めるようになりましたら、忽《たちま》ち天地がひろびろとした世界に自から変貌して来るのであります。「あれもいかぬ」「これもいかぬ」といろいろと汚いものを潔癖に見つめている心は、一面には清浄の心の様でありますけれども、それはものの奥に潜んでいるところの實相、佛の心、佛の本質というものを観ることが出来ないで、現象に執《とら》われている心であります。ですから吾々は現象に執われている心を捨ててしまわなければならぬ。現象を無くして、そして實相を観なければならない。現象を放して、そしてそのままを観なければならない。そこで生長の家では「現象なし！」とこういうような簡単な一喝《かつ》で、今まで現象というものに執着しておった心をパッと放して、捨てせしめるように導くのであります。

「現象なし」であります。普通は現象はあるように見えています。又現象の中にも、その奥を観れば實相の延長が輝いております。イエスの十字架や、佐倉惣五郎《さくらそうごろう》の献身や、その他身を捨てて行ういろいろの尊き愛の行事などというものは、これは實相が現象にまで延長し出《い》でたものであって、それは決して根無し草でない。根が深く實相の中から出ているものでありますから、それが美的行為として感じられるのであります。それを単に「なし」ということは出来ないのでありますけれども、全般的に一遍「現象なし」と断ち截《たき》る。そうすると、今までいろいろ現象に引っかかって、生命の本来の自由を失っていた、或いはいやらしい臭いものに執着して、その中に泳いでいた――そのみじめな姿が自分の本当の姿でないとわかって、本来の自由自在の生命が出て来るのであります。だから、現象を一遍スッと心の世界から洗い去ってしまわなければならない。そこで「現象なし」とスパリと現象を拭い去ってしまって、現象の臭いものの中を泳いでいる姿を見ない。そうすると、そこに本来斯《か》くあるところの佛のいのち、神のいのち、佛のみ国、神のみ国を観ることになる。即ち汚い世界と人とは「現象なし」の喝によって完全に拭い去られ消し去られてしまうのでありまして、その奥にあるところのその美しき實の相《すがた》というものを観ることが出来るわけであります。どうしても現象をあると思っておったら、その見える汚い相を「ある」とこう把《つか》むことになるのです。汚いのは、汚ければ余計放せばいいのですけれども、「あいつ汚い奴め」と思ったり、「憎い奴め」と思ったりすると却って一層放し難くなって来ます。これは不思議な心の働きで、いやなものでも、あると思えば一寸覗《のぞ》いて見たくなったりするものであります。ですから、どうも現象があって、それがいやらしいと思っている限りはどうしてもそれを把むようになる、把めばそのいやらしい姿に、今度は逆に自分の方が把まれて、自分の方がそのいやらしい姿に把まれて引き摺《ず》られて行く。そしてそこにあるいやらしい姿の奴隷になって二進《にっち》も三進《さっち》も行かぬようになってしまうのであります。そこで吾々は「現象無し」と一遍現象を心から外すことが必要であります。

六

そこでどうしても「現象なし、肉體なし、物質なし」――こう来なければならないのです。病気でもやはり同じことです。病気でもお腹が痛いとか下痢するとか、熱が出たとか、咳《せき》が出たとかそういうことを、咳が出たからどうしようか、下痢したからどうしようか、ああしようか、こうしようか、その現象――即ち症状――に執えられていると、それを考えるだけでも中々大変に心を労して、肉體為に疲労し回復力が衰えて来るのです。ところが、そんなものを一遍捨ててしまう。熱も、下痢も、咳も、何も、そのいやらしい姿は一度捨ててしまって、その現象を見ないで、現象の奥にある自療力、生きる力の實相を観る。熱も、痰も、咳も、下痢もみな生命の自療力であって病気ではない。だから死骸には熱も痰も咳も下痢もない。實相を観るとはこれらの現象の奥に、生命の自療力即ち神のいのちが充満している世界を観ることであります。これは何も目を瞑《つぶ》らなくとも、その症状の意義を観れば好い。けれども現象の傷口の痛ましい姿を肉の目で見ていると、どうも現象に引っかかって、病気に執われやすい。だから、キリストも「されど見ゆという汝らの罪は遺《のこ》れり」こういう風にヨハネ伝の中に目明きに対して言っていらっしゃる。

盲《めしい》であったら本当に真理が分っただろうと思うけれども、肉の眼が開いている為に、本来ないところのいやらしい姿を本当にあると思って、そして本当の生命の荘厳《しょうごん》が分らないのだと被仰ったのです。だから「見ゆという汝らの罪は遺れり」であります。何も「病気なし」と思わなくとも「病気になり切ったら病気は治る」と説く人もある。併し聖フランシスなどは病気になり切り、寧ろ病気を歓迎していたけれども、生涯病気であったし、最後に「十字架の傷」になり切った為にキリスト磔殺《たくさつ》の傷口と同じ傷が出来た。だから病気を有りと認めている限り、病気になり切ればやはり病気の中に執えられる。どうしても一旦「無」の洗禮を必要とする。無門和尚は「無」という字を無数に並べて書いて「無無無無」と言った。このないないないないない……何にもないないないない、そこから本当にあるものが浮び上って来る。

庚申《こうしん》さんの眷族《けんぞく》だという猿の彫刻があるのですが一疋《ぴき》は目を瞑《つぶ》っている。一疋は口を閉《ふさ》いでいる。もう一疋は耳を掩《おお》うている。「見まい。聞くまい。喋《しゃべ》るまい」こう三つの猿が祈っておるのであります。あれは詰り、五官に対して實際目を瞑じてしまえということであります。「ないないないないない……」佛教は「無」を説く、「空」を説く、……其処《そこ》から無盡蔵が出て来る。単に「ないないないない……」だけだったらこれは詰らない。生きているのも死んでいるのも同じことになる。そしたら死んだ方が優《ま》しかもしれない。死んだら御飯食べなくても腹が減らぬし、これ以上病気のしようもないし、腹の立ちようもなし、喧嘩《けんか》のしようもない。ですから本当に何にもないのだったら、それでは死んだ方が優しです。けれども「ないないないないない」は一面からいうと、その奥にある「あるあるあるあるある」を引き出しているのであります。現象世界の愚かなる姿は一つもないという事は、本当に有る佛様、神様の實相世界、極楽世界、天国浄土というもの、それを引き出しているわけであります。吾々は毎日百遍位は「ないないないない」と目を瞑じて、そして今度は次に活眼を開いて「あるあるぁるある……」と神の智慧、愛、生命、供給、調和の實現しているところの素晴しい實相世界が、ここにあることを自覚しなければならないのです。恐らく天理教祖も自分を毒薬で毒害しようとしたような女中は無い、夫と姦通したような女中もない――と、一度「ないないないない……」と現象の姿を断《た》ち截《き》ることが出来たからこそ、毒を嚥《の》まされながらも「ここがこのまま極楽だ」というその實相が本当にお分りになったのだろうと思うのであります。つまり大いなる否定は大いなる肯定と同じであります。唯単に相対的に現象を否定するばかりであったら、この世の中は虚無である。けれども一切を本当に否定してしまった時に否定されるものは本来ないものだからこそ、それが否定されたのです。

否定しても否定しても本当にあるものは結局否定出来ない。ですから「ないないないない」と否定して行ったら、終《つい》に本当にあるものだけが残ることになるのです。丁度、篩《ふるい》にかけるようなものです。「ないないないないない」と篩《ふる》って一つ一つ篩い落して行きます。そうすると一切のものは皆篩の下から飛び出してしまって、後には大きな塊だけが残ると同じように、「ないないないない」と否定し盡していると、そうすると本当の實相がそこに現われて来るわけであります。皆さんがいやらしい姿を見、苦痛の姿を見、悩みの姿を見、病気の姿を見、貧しい姿を御覧になりましたら、そんなものはみんな「ないないないない」と篩い落してしまうことです。これが即ち禊祓《みそぎはら》いであります。宇宙浄化の働きであります。みそぎとは身剝《みそぎ》であり、肉體（即ち身）を無しと剝《そ》ぎ去ってしまう事です。一切現象を全部否定してしまいましたら、そこに「住《す》み吉《よ》し」の世界——即ち、住みよき世界が現われてくるのであります。「観る心」が変ることが必要であります。これを佛教では「廻心《えしん》」と言います。キリスト教では「悔《く》い改《あらた》め」と言い、又は「新たに生まれる」と申します。肉體が生まれかわるだけではだめで「観」が変らねばなりません。この世は「一つ」でありながら「観る心」だけの数の世界が生まれてまいります。太郎が生まれたらそこに太郎の世界というものが出て来る。次郎が生まれたら次郎の世界というものが出て来たのであります。ここに五百人がいらっしゃったならば、五百世界がある、みんな観る心だけの世界を見ていらっしゃる。同じ空間的世界のようですけれども、観るものも、聞くものも、感じ方も悉く皆異《ちが》うのであります。

七

そういう風に、ひとり人が生まれたら一世界が生まれて来るのであります。世界というものは吾々の心の中にあるのですから、それは物理的に顕微鏡で覗いて見たような同質の世界ではない。それは吾々の心の中に體験として、生活體験として實感されたる世界に就いていうのでありまず。生活體験として實感される世界は、それは百人あれば百世界があり、千人おれば千世界がある。一億人おれば一億世界があるというわけです。ですから同じ地球の内におり、同じ一家族の中におっても、一人は気持ちよく生活しておれば、他の一人は気持ち悪く生活しておる。一人は不平で生活し、一人は有難いと言って生活しておる。家族が五人おれば五人の世界がある。五世界がそこにある訳であります。そういう風に人一人おればそこにその世界が出て来る。すると住吉大神がお生まれ遊ばした事は住《す》み吉《よ》き世界があらわれたことであります。金光教祖は「今天地の開くる音を聞け」と被仰《おっしゃ》った。あの言葉は、幾度聞いても、素晴しい言葉であると私は思うのであります。「今天地の開くる音を聞け」――何とも言えない荘厳な気持ちがするのであります。「天地が開く」とは「心の岩戸」が開くことです。心の扉がひらくことです。その為には、そこに住吉の神即ちキリストの教えの浄めの働き――宇宙浄化の働き――というものがなければならない。即ち禊《みそ》ぎの働きがなければならない。禊ぎというのは、水を浴びることだと思っている人もある。水を注ぐことだと思っている人もある。けれども水を浴びても禊ぎにならぬこともある。魚や水禽《みずとり》は毎日水を浴びているが別に浄まるというわけではない。彼らは毎日禊ぎをしているようだけれども、決してそうではない。それで魂が浄まるかというと、必ずしもそういうわけではない。

　禊ぎというのは、先刻も申しました通り身をそぐ、ということであります。現象の體を「身」という、現象の體というものは本来ないものだと知り、それを無我献身してしまうことが禊ぎであります。「ないないないない」と、自分の身體《からだ》があるという観念を脱ぎすててエデンの楽園のアダムとイヴそのままの裸にしてしまうことであります。エデンの楽園は、實相世界を神話化したものでありますが、エデンの楽園にいるときはアダムとイヴとは裸だった、裸は身ソギの象徴で、身を献げ切ればそこに住吉の世界が開かれて来るのであります。「今天地の開くる音を聞け」——というその音がそのとき聞えるのであります。素晴しい音であります。諸君はそれがどんな音だか知っていますか。耳に聞くことも出来ない、目で見ることも出来ない。けれども天地の開くる音を聞いた時に、お釈迦さんは、「有情非情同時成道、山川国土草木悉皆成佛」と被仰った。この「悉皆成佛の世界」「すべてのものが神の顕現である世界」は、今はじまったのではない。宇宙と共に始まったところの、今も昔も永劫につづく實在の世界秩序である。しかし、それは観なければ現われない。「観る」とは「波長を合わす」ことであります。ラジオでも波長を合わさぬと聞えない。色盲は色に対して波長を合わさぬから色彩があっても見えない。實相も心を調《ととの》えて波長を合わさぬと見えませぬ。あらゆるものの奥に實相円満完全なる秩序を見る。奥というよりも、——奥ではあるけれども、奥というよりも、……兎も角實相を直かに生命の同波長によって見るのです。實相を直かに見ないで現象というものがあると、仮定して言葉を使うから、現象の奥という言葉を使うようになるけれども、「現象なし」という喝によって一遍みそぎしてしまうと、直かに實相が體現するのであります。その時初めて、この世界はこんなに美しい世界だったのか——こう見えて来るのであります。それはこの世界の五官に見える姿は、蛆虫のように、煩悩の中に泳いでいるみぐるしい汚い姿のようだけれども、それは現象のことである。その奥なる實相に触れると、そこにそのままいのちがある。いのちが崇厳《すうごん》なる歩みを続けている。それは崇厳限りなき姿なのであります。それを吾々は或る相対的立場に立って、五官によって判断してそれを臭いとか、汚いとか、こういろいろに見たのであります。併しそういう思いを、そういう相対的立場を、みんなミソギしてしまった時に、そこには唯いのちだけが露《ろ》堂々とハッキリとそこに露《あら》わにムキ出しになって現われているところの姿を見るのであります。いのちには穢《けが》れもなければ汚さもない。唯そこには崇厳な美しさが、力が、美がある。そこにいのちがひたすらなる荘厳なる進軍を続けている姿を見ることが出来るのであります。そういう實相の生命の荘厳なる進軍の姿を見るには、今迄の伝統的な五官的な汚いとか綺麗とかいうような考えを、一遍捨ててしまわなければならない。即ちエデンの楽園で食べたあの智慧の樹《こ》の果《み》を吐き出して、元の裸に、そのままに立ち復《かえ》らなければならないのであります。

第六章　その儘《まま》ということ

佛法は功を用うる処なし。祇是《ただこ》れ平常無事なり、屙屎《あし》送尿、着衣喫飯《ちゃくいきっぱん》、困《こん》じ来《きた》れば即ち臥《が》す。（臨済録）

一

悟りの生活というものは別に難しい生活ではない、一番やさしい生活であります。それは力まない生活、素直な生活、その儘の生活、まる出しの生活、無理のない生活、自然の生活、為《はから》いのない生活であります。どうしようこうしようと為《はか》うのなら難しいのでありますが、力まない、その儘素直に自然に生きて行くのですから無理がない——無理がないから別に難しい事がない。それなのに、その難しくないようにその儘に生きて行くということが一寸難しいということになるのであります。みんな普通の人はその儘でなしに生きて行く習慣がついているものですから、一番やさしいそのままの生活を捨てて置いて、わざわざ一番難しいように、故意にひねくり廻して苦しんでいるのです。それは丁度盆栽の松の木のようにくねくねと針金で捲《ま》いてひねくり廻したような生活をして勝手に苦しんでいるというのが普通の人間の憐れなる姿であると思うのであります。詰りこれが人間智慧の生活、エデンの楽園にいたアダムとイヴとが「智慧《ちえ》の樹《こ》の實《み》」を食べて、エデンの楽園から追い出された以後の生活ということに当て嵌《はま》るだろうと思います。吾々が生活に楽園を奪還するには、人間の「為《はか》らい心」――即ち「智慧の樹《こ》の果《み》」を吐き出さなければなりません。そういうわけで生長の家の生活は別に難しいことはない。何事でも素直に「ハイと受けよ」というようにも言われております。ただ「ハイ」の生活であります。その儘というのは「ハイ」です。「ハイ」というのは、今ここに生きている、自分のいのちそのものが既に戴いたいのちですから、吾々の「生」への出発が既に一つの「ハイ」であります。皆さんは生まれる時に「どんないのちを買おうかな」と、百貨店の選《よ》り取り見取りの品物を択《よ》るように選択し廻って、これはいかぬ、あれはいかぬ、この生命《いのち》にして置こう――という風に自分の我《が》で選んで得た生命ではないのであります。そこで吾々は生命の出発のところでこうして「ハイハイ」と素直に生きているわけです。その「ハイ」がなかったら一日も生きられないのであります。吾々は生まれて来た。そして生かされている――どちらも受け身でありますから、自分のものではないのです。自分の生命であっても自分の生命ではない――自分が働きかけてあれが好き、これが好き嫌いというのでなしにその儘「ハイ」であります、毎日「ハイ」であります。生まれた時も「ハイ」、朝起きた時も「ハイ」、飯食う時も「ハイ」、寝る時も「ハイ」、死ぬ時も「ハイ」、それを大往生と申します。その「ハイ」なる相は外から来るのでなしに、自分のいのちの本当の相が「ハイ」の相である。絶対至上命令的に、神様から来たこの上ない命令に随《したが》って、その儘受けるという事しか仕方のない生活が人間の生活なのでありまして、今更「どうしよう」「こうしよう」と、為《はから》い心を出そうと思っても仕方がないのであります。その「ハイ」という気持ちになりました時に、その時に一體何が出て来るかと言いますと神様から与えられたその儘の自由自在の働きが出て来るのです。

その儘というのは中々やさしくって難しいのでありまして、「その儘有難いと思いなさい」こう言われるのですけれども、どうも素直に「その儘」になれる人が少ない。或いは病人でも、或いは災難を受けた人でも、或いは悩んでいる人でも、「その儘有難いと思いなさい」こう教えてあげましても、それをそのまま素直に有難いと思える人が少ないのです。またこの「その儘」という言葉がこれ又中々の曲者《くせもの》でありまして、その儘病気が有難いというのもその儘でありますが、これは實相のそのままではありません。現象のそのままであります。単に病気することが有難いのだったら病気になる方が好いことになって、健康であったら有難くないということにもなるのです。御飯でも美味《おい》しいのが有難くなくて、不味《まず》いのが有難いと折角の食事に灰をかけて食べた聖フランシスのようになっても困る。これではそのままでなくて、やはり「好き嫌い」になっている。「そのまま」というのはそういうものではないのであります。人の「そのまま」は神様のいのちを生きている——今皆さんが目を瞑って、じっと感覚の世界の事を考えないで、唯じっとその儘の世界を心の眼で観て下さい。そこには神の無限の智慧、無限の愛、無限の生命、無限の供給の充ち満ちている大調和の世界があるのです。それが判っても解らなくとも「神の無限の智慧、無限の愛、無限の調和が満ちている」と念じていると次第に解って来るのです。これが事《じ》と行《ぎょう》との一致で、事行の一致によって實相が悟られて来るのです。

　神想観はそれを観る行事であって「観」というのは心の眼を以て、悟りの眼を以て観ることであります。五官の眼を以て観るのではない。五官の眼を以て観たその相その儘が何でも有難いというのだったら、それは何の努力もしない、無理想の心、何ら精進努力しないで、その儘なまけていていいのだ、貧乏して好いのだ、病気して好いのだ、と抛《な》げやりの、無理想の、精進のない、努力のない、励みのない、所謂《いわゆ》る諦めの、胡魔化しの生活で自己満足している事になるわけです。その状態では、病気とか、不幸とか、災難とか、悲惨な姿とかという五官に見える姿を、それで結構でございます、この世の中はどうせこんなものでございます、これで有難うございますと受けて満足することになる――これでは進歩の理想がない。これでは人を救うことも、みずから伸びることも出来ないのです。

生長の家で謂《い》う「その儘有りがとう」の生活はそんな五官の世界に見えているところのそういう病気、不幸、災難、舊秩序をその儘有りがたいとするのではない。『法華経《ほけきょう》』の如来寿量品《にょらいじゅりょうほん》の自我偈《じがげ》に「衆生劫盡きて、此の世の焼くると見る時にも我が浄土は安穏《あんのん》なり」と書いてある。このように肉眼の目で見たら悲惨が、憂苦が充ち満ちているように見えても釈迦は「我が浄土は安穏なり」と言われた。その「我が浄土」のその儘の姿を深く念じて、その本来の實相をそのままに観、そして「此処がその儘の極楽だ」と観る事によって、自然に働き出す作用が、自然に舊秩序の自壊、新秩序への出生、理想實現への精進努力と現われて来るのであります。これは観念の自働力と言っても宜《よろ》しいが、また自分の念を「實相萬徳円満」の姿に波長を合わすことによって、實相の状態が現象界のアンテナに引っかかって来て顕われるのだと見ても好いのであります。

二

「ここがこのまま無限の智慧、無限の愛、無限の生命、無限の供給の充ち満ちている大調和の世界である」――とじっと神想観をしてその儘の世界を見る。その時に吾々は五官の眼を閉じておりますから五官の世界にどんなものが現われておろうとも、そんなものは吾々の心の世界を煩《わずら》わさない。唯吾々の心の中にあるのは實在の世界にあるところの完全円満な姿であり、完全な智慧と愛と生命と供給と調和とに充たされている世界の中に坐っている自分の實相を発見するのであります。それは、そう観じたらこういう風になったのだという御利益《ごりやく》も伴って出て来るのですけれども、御利益が出て来たら有難い、御利益が出て来んから有難くないというわけではないのです。御利益はそんな現象世界の御利益よりもまだまだ立派な御利益を、その時にもう既に頂いている――吾れ今五官の世界を去って實相の世界にいる、自分の坐っているのは實相の世界であって神の智慧、神の愛、神の生命、神の供給の充ち満ちている大調和の世界である――と静かに念じ繰り返している時に、既にそこに智慧と愛と生命と供給と調和との充満せる世界が、今ここにある事を自覚するのであります。これが第一義最大の御利益であります。「今この世界」の完全さを本当に悟ったら、それから出て来る第二義第三義の御利益というものを別に喜ぶ必要はないのです。喜ぶ必要はないけれども、現象界は實相の反映でありますから、自然とその御利益というものが自《おのず》から整う。整うからこそ人々が御禮を言って、體験談を述べるのです。そうすると、その人の體験談に感心して、ああそんな御利益があるなら入ろうかという人も出て来るのですけれども、現象の御利益を先にすると、本末が顚倒《てんどう》して来るのであります。

三

詰り五官に見える世界は、生長の家で常に言っておりますように、反影《かげ》の世界でありますから、影を見ようと欲《おも》って、その手段に實物を求めるのだったら逆であります。實物を求めたら影が自然に出て来るのであります。キリストは「先ず神の国の 義《ただしき》 を求めよ、その余のものは自ら加えられん」と言った。實物を求めて、反影即ちお蔭が整うのは当り前のことであります。その反対に影を求めて、そして實物をその手段に使おうというのであったならば、それは本物の方に心が向いていないから、本物即ち實相とは波長が合わない。そういう人はまだお蔭は得られないのは当然であります。だから、金光教祖も「頼まないでもお蔭はやってある」と言われ、(これは實相円満の功徳のことであります)同時に、それを顕わすのは吾が心にあるのですから「お蔭は吾が心にあり」と言われた。「お蔭、お蔭」とお蔭ばかり追っかけている信者は働かないで映画ばかり観ている人と同じように、映画を観ている間に現實の御利益は逃げてしまう。だから——お蔭信心ではいかぬので、實物信心——實相信者——でなければならないのです。實物はどこにあるかというと、今此処《ここ》にあるのであります。「今此処」の幸福を知らなければなりません。人間のいのちの中に既に一切のものがあるのです。外界に、一切のものがあるように見えておりますけれども、外界は内界の影であって、吾々の念の姿が時間空間の銀幕上に繰り拡《ひろ》げられて、あるかの如く見えている世界であります。それが吾々の五官で見ている世界です。その世界は吾々の「念」が展開してそして現われているのですが、その「念」の中には理念もあるし妄念もある。理念の「理」はこれは「ことわり」という字であります。神からわり出されたところの観念の相が理念です。神は「みこと」であり、「み」は美称で、「こと」即ち言葉が神様であります。その神様のみこころの中から分《わ》り出されたところの念が理念でありまして、實相世界即ち實在界とはこの理念の展開せる世界であります。それは今あり、過去にあり、未来にあり、時を超え場所を超えて今既にあるのですけれども、然しその上に吾々は「我」の心が妄念を描いて、現われの世界を不完全な相に見せている。それは丁度ガラスの上に息を吹きかけて、そこに「へのへのもへじ」と弄戯書《いたずらがき》の顔を描く様に、その儘澄明な實相の上に吾々の心の迷いの息をかけて、それを曇らせ、そこに迷いの不完全の姿を描き、その不完全な病気とか、災難とか、不幸とかがあるのだと、こういう風に思っているのがそれが五官に見える不幸な世界であります。法華経にある「衆生劫盡きて此の世の焼くると見る」それであります。何もこの世は焼けていないけれども、本来神様のお造りになった金剛不壊の立派な世界があるのですけれども、その世界の上に煙幕を張って、そこに色んな不完全な姿を描いているのが吾々が現象界に體験している色々様々な不完全な姿なのであります。併し一言にして言えば、それは迷いの現われでありますから、そんな不完全な相《すがた》は本来ないのであります。病気も不幸も本来ないのであります。

四

吾々は、妄念迷想の二重三重の世界を隔てて實相を朦朧《もうろう》とくもらせている。だから病気や不幸を生ずるのです。「實相」一重の世界になり切れば、何のことはない、この儘此処が神の造り給いし儘の世界であります。唯今私は「神の造り給いし」と申しまして、「造る」という語を使いましたが、これは擬人的に申したまでで、實は神様の理念が展開せる世界であります。それは丁度フィルムが展開して活動写真が出て来るというのと同じで、神様の念がフィルムのようになって現われている世界が、それが一重の世界（實相の世界）とその儘の世界なのであります。吾々は迷っても、迷わなくとも、常にこの實相の世界に住んでいるのですが、迷っている間は気がつかない。気がつかないで「病気だ、災難だ、不幸だ」と騒いでいるのであります。實相その儘の姿を吾々が観る事が出来たならば、この世界はこの儘で立派な世界であって、どこも悪い人なんていうものは一人もなければ、病気なんていうものもない。不幸もなく、災難もない、不調和もない、争いもない、いろんな病気とか不調和とか争いとかいうものがあるように見えているのは、悉く神様のお造りになった一枚の世界ではないのであって、それは神様のお造りの世界の上を蔽《おお》うている煙幕の世界であります。

　宗教というものはこの煙幕をとり去って人間をその儘の心にならせるように色いろの工夫がしてあるのです。いろんな教祖達がお顕われになって色いろ工夫をして下さった。教義は色いろあり、別けて見ると、自力もあり、他力もあり、聖道門もあり、浄土門もあるのでありますが、根本的に宗教の作用を申しますと、その儘の世界を発見し、その儘の世界に安住し得るように工夫がしてあるのであって、説き方は或いは時代に依《よ》り、或いは相手の学問に依り、或いは相手の境遇に依り、また色いろな事情がそれに加わりまして、時代色、地方色というものも帯びまして各宗各派に現われているのであります。然し根本にはその儘の世界を発見せしめるということが、これが宗教の目的であります。つまり世界をその儘の秩序に復《かえ》らせ、人間をその儘の相に復らせるのであります。

兎も角、宗教が人を救うというのは、一體どういうことだろうと考えて見ますと、或る人は病気だったのが病気が治ったときに、「お蔭で私は救われました」——そんなことを言う。或る人は貧乏だったのが生長の家を信じたらいい具合に経済状態がよくなって事業が順調に進むようになって来たから、「誠に救われました。有りがとうございます」と言っている。又或る人は家の子供が不良性を有《も》っていたけれども、生長の家の教育法に則《のっと》ってやって見たら、すっかりそれが直ったから、ああ救われました、とこう言っている。又或る人は入学試験に旨《うま》く通って入学出来て救われましたと言う。これも一種の救われであって間違いではない。併しながらそれは各々局部的な救われ方であって、全面的にその人は救われているのではないのであります。そういう一つ一つの御利益——現象の世界——お蔭の世界——の御利益というものがいくら出て来たからといって、それに依って吾々は全面的に、本当にいのち全體が救われているかというと、必ずしもそんな事では救われていると言えないのです。吾々は病気が治ったから救われたとか、商売にお蔭があらわれたから救われたとか、子供の成績がよくなったから救われたとか、入学が出来たから救われたとかいうように、何か外的な物質的な状態の成就を以て救われるというのであるならば、吾々の「生命」というものは物質的環境に依存しておるということになる。つまり「生命」は自立的な尊厳を失って物質なるものに依って支えられているということになるのであって、そんな「生命」に対する無自覚さでは本当に吾々のいのちが救われたというわけには行かない。本当に救われたという状態は人間のいのちが解放されたという状態であります。ところが物質の御利益に依存したり物質の肉體に依存したり、子供の外的成績に依存したりして「救われた」と感じているような救われ方は、それ自らのいのちそれ自身が救われていないのです。だからもしも物質がなくなったり、肉體が病気にでもなったり、或いは折角入学したと思った子供が死にでもしたら、すっかりフラフラになってしまって、「宗教なんて効かぬ」と言い出す。「神も宗教も何も糞もあるものか。病気が治らぬ、子供が死んだ、経済状態も悪い。やっぱり俺は瞞《だま》されていた」などと言って迂路《うろ》たえ出す。それは瞞されていたのは、自分で自分を救われたと自分で自分を瞞していたのです。そんな外的事情に依って人を怨んで見たり、憤慨するような心境そのものが救われた状態ではない。そんな状態ではその人のいのちはまだ本当に解放されていはしない。

それはまだ物質に依存し、物質に縋《すが》りついておった喜びなのであります。そんな人の「神様が有難い」というのは、唯吾々に必要な物質を与えて下さるから有難いというのであって、物質を与えて下さらなかったならば、そんな神様は有難くないのだというのであります。

五

そういう風な物質的な御利益の有難い救われ方であったならば、吾々のいのちは本当に自由自在を得たということは出来ません。物質や外界に縛られているのですから、解脱したということは出来ません。こう申しましてもこの生長の家へお入りになりましてお蔭がないというのではないのであります。實際『實相體験集成』の菊版数千頁既刊二冊の本や、私の『精神分析の話』の中には沢山の實例が挙げてあるのですけれども併しながらそういうお蔭があるために、本当の信仰に入る人もあれば却って本当の信仰に入るのに非常に邪魔になることもあるのです。

公平に申しますと、お蔭が顕われるのはその人にお蔭がなかった時よりもお蔭があるようになった時の方が、それだけ心の力というものを自覚して、心の法則に従って心の力を駆使することが出来るようになった証拠であります。その結果、そういう御利益が出て来たのでありますから、前に困っており苦しんでおった時よりも、心境は或る意味に於いて当然進んでおるのでありますけれども、そういう外界の御利益がだんだんと重なって参りますと、今度は御利益に執着するようになります。そうして次から次へと出て来るところの物質的御利益というものを追求することに興味を有ちはじめ、物質に縋《すが》りついて、いつの間にか本末を顚倒《てんどう》して貪慾に陥り、遂《つい》には物質の奴隷になったり致します。そして、今度はいのちが物質の奴隷となって縛られ、いのちが解放されて自由自在を得たときに自然に御利益が伴うのだったということを忘れてしまい、御利益萬能——御利益ばかりが有難いのだ、ということになり、自分のいのちを蔑《ないがし》ろにするようになってしまう惧《おそ》れがあるのであります。ですから、皆さんが信仰にお入りになっても、御利益信心というものは最初の入門に過ぎないのであって、入門してしまってからは、御利益というものから脱け出してしまわなければならないということを知って頂きたいのであります。真に御利益から脱け出して、そしていのちそのものの解放を喜ぶというのにならなければ本当に宗教的に救われたという境地に入ったというわけには行かないのであります。

念に随ってお蔭があらわれて来るというのは、現象界の相というものは一つの象徴の相でありますから、心の通りが現われて来るので迷信ではありません。現象界の相をじっと見ておりますと、まるで鏡に写して見るように、自分の心の相がマザマザと形に化して現われていることが判るのです。心は見えはしないのですから、何かそれを知らして貰うための翻訳機関がなければなりません。そこで「形なき心の姿」を象徴的にあらわしてくれるのがお蔭であります。私は思いますのにオカゲとは「象徴」という字を書いて「オカゲ」と、振仮名をつければ最も好いかと思うのであります。

「オカゲ」というものが象徴《おかげ》（形なき心の形をシルシにあらわしたもの）であるということがわかりますと、必ずしも好いことばかりがお蔭ではない、悪い象徴《おかげ》もまた、オカゲだということが出来るのであります。

六

だから吾々は眼前に去来する風光を見て、それによって自己の脚下《きゃっか》も照顧《しょうこ》して自分の心の持ち方を改めるべきであります。佛教は因果《いんが》を説く、因果を説かないのは佛教でないと言われておるわけです。これを生長の家では「心の法則」と申し、それによって反省するのですが、あまりそれに執われると因縁から脱け切れなくなってしまいます。そこで、その因縁をもう一つ超脱する世界へ超入しなければならない。因果を説いて、而《しか》も因縁から脱け出すのです。詰り『法華経』に於いて釈迦が、「自分はこうして浄飯王《じょうぼんのう》の太子に生まれていろいろ悩み苦しんで修行をして悟りを開いてまだ四十余年しか経たぬというように人から見られているけれども、そんなことは、あらわれの姿、現象の相であって、私の實相ではない。實相に於いては、私は未だかつて迷ったこともなければ、苦しんだこともない。百千萬億阿僧祇劫前の、そのまだまだ前から、時間なき久遠の昔から悟りを開いているところの佛そのものである」こういう自覚を『法華経』の中で述べていられるのでありますが、そういう風な自覚を本当に得た時に、もう現象界の状態がどうであろうとも、そんなことに拘らなくなってしまう。乃《すなわ》ち因縁の中に生活しながら因縁を超越してしまうのであります。その時、生命は自由自在を獲得して、現象界に、本当の實相の姿がそのままの完全さで顕われて来るのであります。實相のすがたは神様の理念によって造られたところのその儘完全の世界というのであります。

佛教では實相を空《くう》であるというように説く人もあります。私は「無門関の解釈」の本『大道無門』*を書きましたが、それが雑誌に載《の》った当時、神戸の或る禅宗のお寺の人がそれを読んで、ながい批評を自身の機関雑誌にお書きになった。そして言われるのに、「佛教は空を説くのであって、その空の奥にあるところの實相、實相のすばらしい荘厳な姿というようなものを把まなければならないと谷口氏は言っているが、その空の奥に別有《べつう》を立てるのは佛の教えではない。空が實相である。空の奥にまだ何かあるというように立てているのは外道だ」というようなことを書いて批評していらっしゃったことがあったのです。その回答は、『人生助言』の本の中に書いておきましたが、佛教家の内にはそういう風に「實相とは空なり、空とは変化無常の姿なり」と思っている人もある。これも一つの見解であると思いますが、それでは吾々の生命は、ただ理想もなく変化無常の相に打ち委《まか》すのが實相を生きるということに考えられて、生き甲斐がなくなり、理想がなくなり、生活が抛《な》げやりになってしまいやすいのであります。*(『無門關解釋』日本教文社刊)

変化無常が空であり、それが實相であったならば、吾々はその変化無常の流転の流れの中にただその儘無常に流れるしか仕方がない。「斯《か》くの如く生きざるべからざる」という理想とか理念とかいうものは「空」の中にはありはしない、唯その時その場に随って流転する——唯虚しくなって流れに委せて生きて行けばそれでいいのだ、滅びる時が来れば滅びよう、それが流転に身を委せることだ。それは心を空しくカラッポにして空になって生きて行くことだ。それでは踠《もが》き焦る苦しみはないかもしれないけれども、併しそれだけで、唯無常の流転のその流れの中に身を委す、というだけであったならば、吾々何の為に地上の国に生まれて、或る理想——善とか愛とかを實行しなければならないか、ということが解らない。詰り「空」の中には理想がない、理念がない。無常があるだけだ。だから、吾々は、「空」を實相であると観ずることは出来ない。「空」の奥に理念を認めなければならない。空が實相であるというのは、これは現象の實相でありますが、實在の實相でないのであります。

『般若心経』にも五蘊皆空《うんかいくう》と書いてあるとおり、五蘊即ち色受想行識《しきじゅそうぎょうしき》——物質と心とで出来ているところの因縁仮和合《いんねんけわごう》の世界はそれは変化無常の、空の、唯因縁所生の世界——これが「漂える国」——漂える世界であります。この漂える世界に浮草のように漂うている無常なる人間生活は、人間本来の生活ではない。漂える空を素材として、其処に實在の久遠不滅の完全な人間を實現するのが現世の使命なのであります。大體目に見えている姿は、その奥にある實在の象徴として価値があるのであります。

七

それでは、實在とは何であるかと言いますと、条件によって色々変化するようなものは實在ではありません。實在とは神の想念《ことば》によって直接つくられたところの存在であります。「神の理念《コトバ》」を吾々は「理念」というのであります。理念は大生命の秩序ある旋律でありまして、それによって形があらわれるところの根源であります。吾々が「我」を捨て切ったとき大生命の智慧が目覚めて来、そこに秩序ある律動が日常生活にもあらわれて来るのであります。即ち「空無」は「我」が空無なのであって「我」というものを空じ切ったとき、空無ならざる理念の秩序というものが顕われ、自然と偽りの秩序が崩壊することになるのであります。

大體「理念」というものは文字の構成から見ても単に空無ではない。理念の理という字は「すじみち」という字である。玉篇に里という字は玉を地下より掘り出して里人にみがかせると、そこに本来備った石肌《きじ》にスジ模様があらわれる。即ち「理」というのは玉即ち「みたま」の上に浮き出し模様のようにあらわれたところの神様の御心の中に描かれた念であります。その根本的理念はどうであったかというと、先ず第一に「神光あれと言いたまいければ光ありき」ということであったのであります。「光」を實現するのが宇宙の大神の御心であります。そして「生めよ、殖えよ、これを従わせよ」というので、存在の秩序が整然としているのが實相なのであります。華厳経《けごんぎょう》や法華経には秩序整然たる實相の世界が書かれております。小乗佛教の人々が、「佛教は空を説くのであって空の奥に理念なんてものはないのだ」と言われるのは、大乗佛教を特に押し隠しておられるのだと思います。生長の家では空思想と妙有の思想とが渾然調和しているのであります。

八

初期の時代の小乗佛教は、空を説いた。そしてこの世の中は虚しきものである、王位を捨てよと言われたら王位も捨つべし、国を捨てよと言われたら国も捨つべし、一切の執着を絶ち山にでも閉じ籠《こも》って、灰身滅智《けしんめっち》、體を灰にして智慧知覚をなくしてしまって、何にもなくなってしまったならば、この世の中の苦しみもなくなるというような、そういう逃避的な形であらわれた。ですから、そういう現世逃避が佛教の真髄だと思っている人があります。そのような佛教が印度からビルマとかマレーとかにひろがりそれがだんだん中国に入り、中国で大分哲学者が出て来て大乗佛教を拵えました。けれども、それは現世否定の「空思想」「般若思想」の部分が多くてまだ完全に大乗的なものになり切っていなかったのであります。また大乗佛教は龍樹《りゅうじゅ》が開祖で中国に輸入されたとも言います。これは華厳の思想であります。華厳の思想になってから、佛教は単に「空」を説いていることで満足しなくなったのです。「空」の奥に秩序整然たる實相（華厳世界）があるということが説かれるようになったのであります。法華経は「此の世の焼くると見るときも吾が浄土は安穏《あんのん》なり」（自我偈）と説いて、ハッキリ實相世界を現象世界の彼方に肯定したのであります。吾々が肉眼で見ている現象界は、因縁所生《いんねんしょしょう》の世界であり、心の法則に依って現われたところの仮りの相であります。だからそれは虚しい空である。しかし、「空」であるから、銀幕が空なるが故に一切の現象をあらわすことが出来るように、自由に自分の現象界の運命をも念のフィルムに従って支配することが出来るのであります。このように説く生長の家の佛教は、現象の空無常を説いてもそれが悲観的なものにならないのであります。何故なら、自分の運命は自分の念を支配することによって支配し得るからであります。

第七章　埋蔵されたる神の智慧

一

この世界は神の智慧、神の愛、神の生命、神の供給、神の調和の充ち満ちている世界であります。この神の世界に生まれたる吾々は神の子でありますから、本来健康であり、必需物《なくてならぬもの》はすべて神様から既に与えられているのであります。こう申しましても、それを本当にせぬ人がある。「だって現に苦痛があり、病気と言えるものがあって、それが肉眼に見えるじゃありませんか」と言う。また不幸災難というものがあって、それが眼の前に現われているという。貧乏が借金取りの鬼の様な姿をして現實にやって来るではないか。だからこの儘既に此処に円満完全な世界がある、調和した世界がある、既に自分は健康であると思え、既に自分は金持ちであると思えと言ったとて、どうしても思えないという人がある。そういうように、既にあ
る「完全さ」をどうしても思えないという時にはどういう風に念じたら好いかと言いますと、「自分は最早《もはや》この病気（又

はその他の不幸）の存在を許さない。自分はそれを自分の世界から放逐《ほうちく》する。それは存在しなくなる」――ということを、それを心に、又は言葉に出して強く叫ぶことであります。一例を挙げますと、あなたが今現に歯痛だったら「歯が痛くない」と心で誦《とな》えようと思いましても、どうも嘘をついているような気がして、本当にピッタリと歯痛がないという気持ちになれない。そういう時には、どうするかというと、「私は最早歯痛の存在を許さない。歯痛は存在しなくなる」こういう断定的な言葉を以て、声を挙げて叫んでも好いし、或いは念じても好いのであります。併しこれは「歯痛はある」というように「悪」の存在もあらかじめ認めた上での第二善の方法であって、本当は歯痛の最中にも歯痛はないものと知るのが「悟り」なのであります。歯痛をありとしてそれを放逐するというような考え方は、これは二元的な考え方であり、善と悪とがこの世に対立して闘っているというような世界観を捨てることが出来ない場合に、その「悪」とか「苦痛」とかを放逐する第二善のやり方であります。

このように、言葉に出して苦痛を放逐又は表出することによって苦痛が弱ることは随分あるのであります。暑い時節になると「暑い暑い」と言う人もある。これもある立場から言うと、「暑い」と言わないで「ああ涼しい」と言ったら、もっと涼しくなるかもしれないのだけれども、併し時とすると「暑い暑い」と言うことも、あれも「暑熱」を放逐する一つの自然的本能でありま す。尤《もっと》も、それを周囲にいて聴く人は言葉の力で一層暑熱を自覚せしめられて一層暑く感じるの でありましょうが、「暑い暑い」とこう言っている本人はそれで慰められているわけであります。業は形に現われたら消えるものですから、心の世界に暑いと感じている業が言葉という形に現われて、消えて行きつつあるわけです。それは丁度暑さを出して冷ましているようなものでありま す。尤もその場合「涼しい涼しい」と唱えることが出来たら、それは「暑熱」に冷水をかけて冷《さ》ますような結果になるので、その方が一層効果的なので、生長の家では寧《むし》ろこの方を選ぶのであ ります。けれども暑い時に「暑い」というのは湯気を噴《ふ》き出す働きで、その言葉の表出で、自分が冷めて行きつつあるのであります。ですから自身としては、必ずしもそれは悪くないのですけれども、苦痛の感情を表出すると、言葉の力で、周囲の人に暑いという印象を与えることになって、その印象が又互いに反射し合って複雑な影響を互いに与えて悪い結果を惹き起すことがあるのです。ですから生長の家式に言いますと、暑い時に「ああ暑い」と言わないで、「ああ涼しい」こう言って気分を換えてしまうのです。そうすると、本当に涼しくなる。心頭から「暑熱」の感じを滅却するのであります。これは光明思想の方であります。暗い時でも「暗い」と言わないで

「明るい」と言い、痛い時でも「痛い」と言わないで「いい気持ちだ」というように、言葉の力で心を変えて行きますと、暗い感じは消えて明るい気分になり痛みは消えて快くなって来るのであります。

歯痛というものが、現に存在すると自分に感じられる場合に、「歯痛は存在しない」と本当にパッと心を三百六十度回転して、「歯痛なき世界」にするりと這入り得る人はいいけれども、そうでない人には「自分は病気でないことを欲する。自分は病気のないことを欲する。自分は病気を断じて放逐する」とこう大声に叫ぶことも一つの方法であることは前に述べた通りであります。しかしこれは最高のやり方でない。第二善のやり方であります。第一義諦の真理は「病気本来無し」でありますけれども、現象の相に執われている人には病気なしと考えられないものですから、「私は病気のないことを欲する。自分は神から完全なる自由を与えられているのである。だから、病気を放逐する権利がある。自分は断じてそれを放逐する！」こう心に、又は言葉に唱えることは合理的に感じられるものですから、不合理だと思いながら念ずることよりも、合理的だと信じながら念ずる方が、その思念が實現し易いので「病気無し」と信じられない人はこう念じて、これによって病気は完全に放逐されつつあると信ずれば好いのであります。兎も角、吾々の心の世界にある業というものは、形に現われたら消えて行くのであります。それは恰度、時計の捻子《ねじ》を廻して置くと、その時計がチンチンチンと時鐘《じしょう》を打つ音を出し、感覚に触れる姿となって現われる毎に、そのゼンマイに潜在する業の力は消えて行きつつあるのであります。それで何日間も度々チンチンチンと鳴ったら、その時計は新しくゼンマイを巻き返さない限り、音を立てなくなるのであります。それと同じく、吾々が心の世界で、例えば腹が立って、ブツブツ言いたくなる。口惜《くや》しい、残念だ、と思っていると、そのブツブツがお腫《でき》になったり、蕁麻疹《じんましん》が出て来たり、口惜しい、残念な思いが、神経痛や、胃《い》痙攣《けいれん》や、いろいろの慢性病になってあらわれてくる。そのあらわれるのは業の力が消えて行きつつあるのです。併し、その時、業のゼンマイを新たに巻いたらどうなりましょう。ゼンマイを新たに巻くとは、新たにブツブツの心を起す。「こんな病気になって詰らない」とブツブツの心を起す。「こんなに病気をしているのに、誰も深切にしてくれない、口惜しい」と「口惜しい、残念だ」の業を起す。こんなに毎度ゼンマイを巻き直したら、幾らチンチンと時鐘が鳴っても、ゼンマイの力は無くなりませぬ。そこで業を消す道は、悪いことが形に現われたら、「ああ有難うございます」とその儘素直に受けることであります。俗に「病気が出る」と申しますが、まことによく謂《い》ったものでありまして、病気は業が出て行くのですから、有難いわけであります。病気が入るのだったら可《い》かぬでしょうが、病気が出たのなら「ああ有難うございます」とこう思って、消えて行きつつある病気に感謝すれば好いのであります。感謝致しますと、感謝の心は一番素直な心、そのまますっと受ける心でありますから、反動を伴わないで、エネルギーがそのままそこで止ってしまうのであります。恰度それは野球の投手がボールを投げるとキャッチャーがそれを受ける。どういう調子に受けるかというと、ボールの飛んで来る方向に両手を引っぱるようにして受ける。少しも反抗しないで、そのまますっと受けてしまうと、ボールのエネルギーがそのままそこで停止して、掌《てのひら》が痛いということがない。感謝というのは恰度それであります。無抵抗に今までの運動慣性を受ける――ボールが向うから業の働きで、ポンと飛んで来ると、すっとそれを受けとって反抗しないのであります。「ハイ、有難うございます」の精神であります。ボールが飛んで来ると反抗的に手を突き出して受けると、手が痛いばかりでボールは跳《は》ね返って、とうとう敵に得点を許すことになってしまう。病気でも、そのまま素直の精神で受けないで、「苦しい、痛い」と反抗的に受ければ、業は消えないで、益々殖えるばかりであります。ですから、その儘に受けるのですね。そのままに受けたら、ボールは手を痛くならせない。病気もそのまま受けたら、病気が断じて苦痛でなしに、業が消えてしまうということになるのであります。

或る日、本部道場へ或る劇団の女優の方が見えまして「先生、相談があります」と言われます。「何ですか？」と訊《き》きますと、「楽屋でお金が紛失しましたの。すると私が盗《と》ったんだって、こう言って、みんなに噂された。口惜しくて堪らないから、その劇団を出たんですの。そうして今別の劇団にいるんですが、私そんな疑いを受けましてから口惜しい口惜しいと思って以来、人が物を言っているとパーッと『馬鹿野郎！　貴様が泥棒だ』と突然、口を衝《つ》いて思わず呶鳴《どな》りつけることがあるんですの。ああオヤオヤあんなこと言うのではなかったが、と思って反省するんですが、人は私を気狂いだと言うのですが、私も気狂いかもしれないと思うんですが、私は気狂いでしょうかね」と言われるのです。それで私は申しました。「それは二重人格というものでしょうね。自分ではどう言おうとも思わないのに、『貴様、泥棒だ！』と呶鳴りつけたりするのは、自分は悪いこともないのに、あいつ私を疑いやがった、口惜しい、貴様こそ泥棒だと呶鳴り付けてやりたい、しかし女の身で無暗に人を呶鳴り付ける訳にも行かない。それで、その呶鳴りつけたい衝動を怺《こら》えている。辯解したくて堪《たま》らない。併し辯解しても辯解してもそれは辯解にならない。人がやはりあいつは泥棒だと思っているらしい。そこで辯解することも呶鳴ることも出来ないで、じっと辯解する心を潜在意識の底に押し籠《こ》めていたけれども、それは消えた訳ではない。そうするとその辯解したい心、呶鳴り付けたい心が一つの塊りになって恰度譬《たと》えて見れば地熱の塊が地震鯰《なまず》のようになって、地殻を揺《ゆ》りうごかすように、その抑圧された観念が別個の一人格として固まって、独立して作用する。そして自分では呶鳴ろうと思わないけれどもその抑圧された観念が自働的に出て来るのですよ。それは酒を飲む人には往々あるところの怒り上戸《じょうこ》のような現象です。普段はおとなしく見える人だけれども、心の中には憤懣《ふんまん》に耐えないものが働いている。その表面温順《おとな》しいのは抑圧作用が働いているのです。そんな端《はし》たないことをしたら可《い》かぬと思って抑えているのですけれども、酒を飲むとそういう自己反省的心というものが麻酔してしまう。そして常から抑えておった怒りというものが一時にどうっと爆発して怒り上戸ということになるのです。泣き上戸というものもある。これは普段に悲しい泣きたい思いをもっていたのを抑えていたのが形に現われて来たということになるのです。だから貴女も別に気狂いではない。泥棒したと疑われて無實の罪を着せられた憤懣に耐えぬ思いが、二重人格として爆発して来たのですよ」と私はその女優に話したことでした。

怒る心、悲しむ心などは起さないのが一番好いのですけれども、腹が立ったら寧《むし》ろ自分の心を浄化するために爆発させたが好いのであります。併しながら周囲にとっては怒りを爆発させると周囲の人に衝突して迷惑になります。そこでそういう時にはどうしたら好いかと言いますと、観念は形に現わしたら消えるのでありますから、怒りを形にあらわせば好い、――と言って、そう無暗に人を撲《なぐ》るわけにも行かぬし、人を呶鳴り付けるわけにも行かない。呶鳴りも、撲《なぐ》りもしないで、内部に抑圧されている観念を消すにはどうしたら好いか。それは文章に書いたら一等好いのであります。自分が不当に批難されて、それが癇癪《かんしゃく》に触って仕方がない。そして辯解しても辯解が通じないので、それを何とかして発表したいという時には、その思い、感情、事情などを言いたいだけ、文章で一所懸命にそれを書くのです。「自分は決してそんなものじゃない。あれはこういう事情、こういう動機でしたのだ。そんなに誤解されるのは口惜しい、残念だ」ということを言葉にもっと詳しく書いて表出するのであります。書いて書いて書いて書いて書き盡《つく》したら、そうしますと内部に抑圧されている感情が消えてしまうのであります。感情は唯それを抑えているだけであったら、抑圧されたる地熱が地震となって大地を揺り動かすように、或いは肉體の病気となり、二重人格式に現われたり、強迫観念として表われて来ることになるのであります。

二

神戸にこういう青年がありました。中学五年生でしたが、或る日学校で泥棒の嫌疑を受けたのであります。Aは友達の靴を盗んだに違いないと皆が噂をしている。自分は断じて盗まないのに怪しからぬと思って、A青年は非常に憤慨したのであります。幾ら自分が憤慨しても幾ら自分が辯解しても、皆《みんな》が、「あいつが盗んだ」と言っているような気がする。残念でたまらない。そのうちに誰も彼もが皆自分を指さして「あいつは泥棒だ、あいつは泥棒だ」とこう言っているような気がして来た。もうとても堪らないような気になってしまったのです。そうなると、A青年は腹が立って吻鳴る病気ではなしに、憂欝症になって来たのですね。どの人を見ても自分を「あいつ泥棒だ」と睨《にら》んでいるように思えるのです。もう一切の人から睨《にら》まれ、悪口を言われているようで、注視恐怖と被害妄想とが併発したようで、人前へ出ると、きまりが悪くて、頭を抱《かか》えてこうやって屈《かが》み込んでいるのです。電車に乗っても電車の向うの人が、みんな自分を「あいつは泥棒だ」とこう言って互いに噂しているような気がするのです。もう学校へもどこへも出られないようになって家に引っ込んでいました。その頃誰かに『生命の實相』を教えられた。(その時分は住吉に私は住んでいましたので、『生命の實相』は最初の単行本の革表紙本しかなかった時代であります）Ａ青年はそれを読んだのです。Ａは中学五年生、何でも学校は一番か二番の成績で、非常に頭のいい男でしたから、読んで意味がよく解ったのです。「人間は神の子である、何物も怖《おそ》るることはない」ということは解ったのですが、まだ本当に魂全部が改造されるというほど、ピッタリ来なかったのであります。

併し大分精神状態が治ったのです。兎も角お母さんと一緒にならＡ電車に乗れるというところまで恐怖心が減ってしまったのであります。併しながらまだ学校へは行けない。というのは、学校へお母さんが附き添いで行くわけに行かないのですから、そこで母につれられて住吉の私の宅にやって来られたのであります。その時分は私の宅を道場として、毎日二、三十人しか集まっていなかったのであります。しかしその席へはきまりが悪くて出て来られないのです。やはり人が見詰めて自分を泥棒と言いはしないかという恐怖観念があるのです。そこで皆が帰るまで玄関の部屋でこう俯《うつ》向いて顔を隠して坐っていられたのです。みんなほかの求道者がお帰りになりましてから、お母さんが、「家の息子がこんな状態だから一つ会ってやって下さい」と言われまして、Ａ青年は私の前に来たのです。そして、前に述べましたような事情を愬《うった》えられまして、泥棒だと言われたのが口惜しくて堪らないのが、最初の原因で、こういう病気になったのだと言われるのです。そして、『生命の實相』を読んで人間神の子ということはわかったので、理性では誰も私の悪口をいう人がないと思うが、實際にはまだどの人もこの人も、皆《みんな》「あいつは泥棒だ」と物を言っておれば、必ず僕の悪口を言っているような気がして仕方がないです、と言われたのであります。

その時分、光明思想普及会に「迷いの測定器」というものがありまして、これはもとは独逸《ドイツ》から輸入された道具でしたが、輸入が杜絶《とぜつ》したので内地でこしらえたのです。懐中時計のような恰好になっていて、時計の針のように当るところが刀になっていて、その刀がバネの力で上へ上ったり下ったりするそれが鬼の首を斬《き》るように見える。その鬼の首が鉄で出来ているのです。その金剛不壊《こんごうふえ》の鉄の首が、刀が上下する毎に、どうしても首が斬れたように見える。――その「迷いの測定器」を、私はA青年に見せて上げたのです。「あなたは人から批評された、斬られたというように見えるけれども、併しながら實際はこの鬼の首のように斬られてはいないのですよ。これには写真機のシャッターに使う強力なバネが入っていて、刀を反対の方向に回転しているのですが、その回転が早すぎるものだからそれが見えない。見えないと五官というものは間違って、無いと思う。そして五官に見える通りにあると思う。そこで刀が、首の上にあった刀が次の瞬間には首の下に出ていると、刀が首を過《よぎ》った、それで首が斬れたと錯覚するのです。ところが實はこの刀は逆廻りをして首の下へ出て来るので、『甘露の法雨』にある通り、『感覚は唯信念の影を見るに過ぎず』で、皆嘘なんです。信ずる通りに顕われるのです。あなたが人の悪口を言っていると見えている人も本当は少しも悪口を言っていはしないのだから、それは要するに五官の錯覚であって、本当にある人間は決して人の悪口を言ったりしているものじゃないよ」と言って「迷いの測定器」を見せて説明したのです。すると、A青年は大変安心して、「成程そうだ、感覚で見て自分の悪口を言っているように見える人達も、これは感覚の錯誤であって、そうじゃないのだ」と気がついたのです。それから私はその錯誤の起る根本を改めさせるために、「あなたは相手をゆるさなくちゃならぬ。あいつのお蔭で、自分はこういう神経病にまで罹《かか》ったのだと思って怨《うら》んでいると、その怨む理由の証拠物件として、その病気は消えない。相手を怨む心を捨てなければならぬ。凡て相手をゆるしてしまいなさい。そうして、あなたが、まだゆるし切れないものがあれば、その時の自分の口惜しかった事情を毎日日記のように書きなさい。日記でなくとも、便箋にでもよろしい。毎日書いて毎日焼きなさい。そしてその燃えつつある焔《ほのお》を見ながら

『これに依って私の業は消えました、消えました』と心にとなえなさい。神様の宇宙浄化の働きの一つが火の燃える働きですから『この火の浄化の作用に依って私の業は消えました。もう一切の怨みも憎みも悉《ことごと》く燃えてしまった』と念ずるようにしなさい」と教えたのですが、それ以来、その強迫観念は治ったのであります。その後、A青年はある大学豫科の高等学校へ入学せられましたが、最近ではもう大学も出て社会の有用な地位にいられることだろうと存じます。

それからA青年のお母さんが大変喜んで、お禮にと言って白鳩が羽根をひろげた象牙の彫刻の帯留を持って来られたのであります。今白鳩会のマークになっている白鳩の図案は、この「象牙の彫刻の帯留」の図案に則《のっと》ったのでした。それに因《ちな》んで「白鳩」という雑誌もやがて後に出ることになったのであります。

三

自分の耐え切れない感情を紙に書いて、それを燃やしながら、これで、水火津靈《しほつち》の宇宙浄化の作用によって自分の業が浄められつつあるのだと信ずる。これは一面から言えば、自己暗示によって、自己の潜在意識内容を浄めることに当るのであります。クーエの自己暗示法によると、

「自分はこれから毎日あらゆる点に一層よくなる。自分はこれから毎日あらゆる点に一層よくなる」と二十遍宛《ずつ》朝目覚めた時と、将《まさ》に眠りに落ちようとする時に唱えよと言うのであったのです。これも自己の潜在意識を浄めることになります。毎日「あらゆる点に一層よくなる」――と言葉の力によって続けて行ったら、キット今より一層よくなるのであります。ところがこういう言葉の力を毎日やることを怠っていますと、信念が失われ易い。どうしても堅固な信念を持続するには精進努力、撓《たゆ》まず努めることが必要であります。懈怠《なまけ》の心が萠《きざ》したら、一層吾等は「これから毎日一層よくなる」と言葉の力で誦えることが必要であります。

世界は波であって必ず上り下りがある。尤も下るばかりの人もありますけれども、そういう人は下るときに悲観してしまうからであります。一番下に下った時には、必ずもうすでに次に飛躍出来る準備が出来ているのであります。たとえば皆さんが或る仕事を始めてそれが旨《うま》く行かないということになったとて、それによって悲観するには当らないのであります。一つの事業が破れたら、尚一層よき事業がやって来るのだと考え、「これから毎日一層よくなる」と念ずべきです。實際間もなく一層よきものがやって来ます。しかし吾々は、ただそう考えるだけでもいいのです。「ああこれで駄目だ、私は人生に生きる甲斐がない」と思って、苦しんでいるよりは、人生が楽しいだけでも優《ま》しであります。

四

吾々は幸福を思おうと、不幸を思おうと、何を思おうと自分の勝手であり、選択の自由というものをゆるされているのであります。これが人格の自由であって、地獄さえも自分の心に描いたら、それを現實化して地獄を眼の前に現わす事も出来るのであります。だから吾々は自発的に常に生き生きした心を以て、常に一層よきものを思い浮べるようにしなければならない。世の中にあの人がやったら何でも成功するという人もある。そうかと思うと、あの人がやったら何でも成功しないという人もある。そしてその人は気狂いでもないのであります。当り前の頭も智能も具《そな》えておって、その癖その人がやると何でも旨く行かないのであります。同じ会社でも、或る人がやると潰《つぶ》れてしまう。潰れそうな会社を買収して社長が変るとちゃんとその会社がうまく経営されて行くというようなことがある。それは、会社の盛衰はその社長の心の中一つにあるからであります。

事業は唯それを経営する人の人格一つにあるわけでありまして、必ずしもヤリ手だとか凄腕だとかいうのを必要とは致しませぬ。あの人がやれば何でも必ず好い具合に行くという人もあるし、その人がやれば何でも旨く行かないという人もある。それはその人の眼に見えない雰囲気の力、幸福なら幸福、光明なら光明を引き寄せるところの、雰囲気の力によるのでありますが、その雰囲気はどうしたら出来るかというと、一日のうち、どれだけ吾々が光明の雰囲気を心に描くか、暗黒の雰囲気を心に描くかによって定《きま》って来るのであります。常に光明の雰囲気を持続しておったら、その人のゆく所自然と光明が集まって来るのです。ある娘さんが貧乏の夫を持つとする。その場合その貧乏の素寒《すかん》ぴんの夫のところへ嫁入っても、娘さん自身が光明の雰囲気を持って行ったら、素寒ぴんの夫が自然と社会のためになり、国のためになり、立身出世するようになって来るのであります。そういう娘さんは世間で「福嫁」と言われる。「福田」を持って行く嫁であって、そんな嫁を貰うと必ず家が興《おこ》るといって喜ばれるのであります。別にその嫁さんがコツコツと働いて金を儲けるというわけではないのですが、唯その娘さんがその家へ行くだけで自然と夫の運命というものが開けて来るということもあるのであります。それは佛教で言えば、因縁のさせる業でありますが、因縁というものは固定したものではない。皆自分の心の世界にあるところの光明の雰囲気がその人のよき運命を引き寄せることになるのであります。

五

全宇宙を引き包んで一切のものに充ちているところの宇宙の心――これは「心」と仮りにいうが人間の頭脳の心のような「迷う心」のことではありません。宇宙生命のことでありますが、「非物質的叡智ある存在」という意味で「心」というのであります。――その宇宙の心は吾々の潜在意識に通じていまして、吾々が光明の雰囲気を潜在意識にレコードすれば、自然界の微妙な叡智が、そこに芽を吹き花を開いて来るのであります。善き想念は善き種であります。善き種を播《ま》けばそこから幸福が芽生えて来て、だんだん茎が伸び葉が出て蕾《つぼみ》が出来、花が咲いて實《みの》るということになります。宇宙に充ちているこの不可思議な智慧、靈妙な生命の創化作用は、一切の所に充満していて、吾等がどんな種を蒔くかを待っていてそれを生長させるのであります。皆さんの心臓の働きも、肺臓の働きも、腎臓の働きも、悉くこれ皆大自然の微妙な智慧の働きであります。大自然界の微妙な智慧の働きなどと謂《い》いますと、無生物のように見えますけれども、それが即ち神の智慧である。生き生きした生きた智慧であって、その神の智慧は吾々の中にも生き生きとして内部に宿っているのであります。皆さんの内部に宿っている智慧と同じ智慧が自然界にも充ちていて、それが互いに内外相交通しているという素晴しい事實に目覚めねばなりません。こちらからオーイと呼んだら向うからもオーイと応える谺《こだま》のように、自分の願いでも、自分の求めでも、何でも向うから反響して自分の呼びかけた通りにやって来るのであります。それはラジオの波の世界に、無数の人間という受信機が置いてあって、ここから自分の欲するものを放送するようなものであります。

吾々は宇宙に満つる神の智慧を「法則」という名で呼ぶ。吾々は法則を研究し、法則に随うことによって神の智慧を吾がものとすることが出来るのであります。神に従順なることを教える宗教と、法則を探究する科学とは相背反するものではありません。自然の法則に従い、自然の法則をそのまま利用したならば、そこにはどれだけでも偉大なる働きが生じて来るのであります。どんな科学の発明も、それが偉大である限り、それは神の智慧の波動を感受して、よき「思いつき」が實現してくるのであります。

そういう風に自然界の法則に素直に従うことによって、吾々は大生命の御働《おはたら》きを我がものとすることが出来るのであります。宇宙に満ちている神様の法則というものは決して変らない。変らないが故に吾々は安んじてそれを研究し、それにお随《したが》い申すことによって利用厚生の道に協《かな》うことが出来るのであります。法則とはミコトノリ（ノリは則《のり》）でありまして、酸素と水素と化合したら水になるというような法則も、大宇宙のノリであります。水は上から下に流れると神様がのらせ給うた（則《のり》あらせ給うた）ならば、それはもう変らない。変らないから水が下に流れるという則《のり》に随うとき、無限の神の力を無限の水力電気に利用することも出来るのであります。

法則というものは神様のミコトノリでありまして、「こうすればいい」という法則が宇宙に充ち満ちて吾等がその法則を開くのを待っていらっしゃるのであります。

「吾戸の外にありて叩く、誰にても戸を開くものあらば吾は喜びて汝の家の内に入らん」と被仰っているのであります。その法則を引き出してそれを利用することが、戸を開くことになるのであります。そのためには努力も必要であるが、心を澄まして、み声に耳を傾けて努力することが必要であると思います。み声に耳を澄ますとき、吾々はどの方向へ研究を進めて行けば好いかの導きを受けることが出来るのであります。宗教は科学と反対だろうと考える人があるかもしれませんけれども、そうではないのであります。靈感によって科学に導きを与え、科学を容易ならしめるものであります。それから素晴しい科学的発明というものも出て来るのであります。實例を挙げたいのでありますが、経済論は最近やらないことになっていますから、今日はこれで遠慮することに致します。

第八章　人生いろいろの導き

神の生命は本来人間の生命

神はすべての幸福の源泉ですから、神さまと一つになりたいのは信仰深き萬人の願いでありま す。では、どうしたならば宇宙生命なる神様と一體となることが出来るかと言いますとそれに明快な答えを与え得る人は少ないのではないかと考えるのであります。何故明快な答えを与えることが難しいかと申しますと、吾等は既に神とひとつでありますから、今更神とひとつになろうと考えますと、却って判らなくなるのであります。吾等は今更神様と一體になる必要はないのでありします。我のうちに神の生命は宿り、既に我は神様と一體なのですから、今更神と一體になろうなどという心そのものが迷いなのであります。

我らは今更、神と一體になろうと思う必要はない。始めから一體でありますことは恰度、赤ん坊が母親のいのちと一體であるのと同じでありまして、母と子とは始めから一體なのであります。母親にどういう風に旨《うま》く頼まなかったならば、母親は私にお乳を飲ましてくれないかもしれないなどと考えることは、赤ん坊には不必要なのであります。そんなかけ引き的な頼みようをしなくとも、無理に泣いて見せなくとも、お乳を飲ますべき時が来たらちゃんと飲まして下さるのが母であります。つまり赤ん坊のいのちというものは母親の愛の圏内にそのままに初めからあるものであります。それと同じように吾々も始めから神の子として神様の愛の圏内にあるのでありますから、神様に委せて置いたならば、必要なものは必要な時にちゃんと与えられるのでありま す。ただ神様に委せ切りの心境こそ必要なのであります。

愚かなる鳩の話

私の家に白鳩を飼っておりましたら、その白鳩が卵を生んだのであります。その卵を生むのに何処《どこ》といって適当な場所がなかったから、最初床の上に卵を生んだのです。すると床の上へ餌を食べに来た友達の鳩がそこへ飛び下りる度毎にその卵を蹴飛《けと》ばします。卵はまるでピンポンの球のようにあちらへころり、こちらへころりと、跳ね飛ばされます。そんなことをしているものですから、それを孵化《ふか》するために温めようと思っても卵が一定の場所に落ち着いていないので、温められない。「ああ可哀相だ。鳩にも巣を作ってやらなければならない」と私は思ったのであります。そこで、鳩が巣籠《すごも》りをする為のアスベストで保温率の高いように作った巣皿というものがある、その巣皿を百貨店から買って来てそこへ卵を容れてやったのであります。ところがその白鳩は幼い頃から誌友に貰った鳩ですから、巣皿というものを生まれてから見たことがないらしい。だから自分の産んだ卵を巣皿の真ん中にちょこんと置かれたとき、鳩にとっては大事変が起ったと思ったらしいのです。自分の産んだ場所に自分の卵がいない、これはどういうわけだろう、何だか変な容物の中に私の大事な卵が載《の》っている、これは一体何物だろうと思うらしく、夫婦の親鳩は相談らしいことをやっているのであります。鳩というものは夫婦が非常に仲がよくて、母鳩が卵を温めている間は、父鳩は散歩したり餌を漁《あさ》ったりしている。その母鳩が今度は餌を漁りに行ったり、水を飲みに行ったりする時は「クク」といって父鳩を呼ぶと父鳩が来てその卵を代りに温めているのであります。こうして鳩は卵を雄《おす》と雌《めす》とが交替に温めるのですが、卵に就いて大事変が起ったものですから、雄と雌とで妙な表情の眼付きをして「一體この巣皿というものは何物だろう、こんなものは今まで見たことがない。危いものじゃなかろうか」こういった表情で夫婦鳩はその巣皿の周囲を廻っているのであります。鳩は自分の卵を啣《くわ》えて逃げるわけに行かない。どうも仕方がない、あれは危険だから近づくわけには行かない。こう一決したらしく、とうとうその卵は温めないで腐ってしまったのであります。

この「愚かなる鳩」とは不信仰な人間に喩《たと》うべきであります。折角神様が「産んだ卵を、あんな板の間に転がして置いたら蹴飛して砕《くだ》けてしまうから可哀そうだ」というので、転ばないで温め易いように保温性の強い石綿《アスベスト》の巣皿を与えて下さったのであります。すなわち鳩にくらぶべき人間は飼主の愛の中にちゃんとそのまま既におったのであります。そのまま素直に飼主即ち神様のみ手にまかせて置いたら萬事都合がよく行く筈でありましたのに、神様のおはからいに全幅的《ぜんぷくてき》な信頼をすることが出来なかった。折角の神様の「恵み」を疑って、自分を害するものかもしれないと考えた。人間の智慧、愚かなる鳩の智慧は、時とすると非常に近視眼的であって眼先のことしか判らないで恐怖する。そうしてこの白鳩は二つの卵——自分の子供を殺したというようなことになったのであります。おはからいに委せて置いたら危険は一つもなかったのですけれども「おはからい」を疑って、「危険だ、危険だ」と思っておりますと、「思う通りに現われる」という原則に随ってそういう風に危険が實現して来るのであります。「恐るるものは皆来る」という心の法則は常に説いている通りであります。幸福を持ち来すものでも、それを疑って「キットあれは自分を不幸にするものに違いない」と思っておりますと、その思いの通りに不幸が實現してまいるのであります。

家相凶というような迷信はない

この間も道場で私の話の終わったあとで誰か前にお進みになって、「先生、私は家を普請《ふしん》したのですが、どうも家相を何とかいう人がある。丁度それから家族が病気に罹っている。どうもその家相が気にかかって仕方がありません。何とか家相をよくする方法はないでしょうか」と言って相談された。それは丁度前《さき》の鳩が巣皿の形を見て、「どうもこの家相は危険で仕方がないから、こんな巣皿の中で、卵は温められない」と考えて卵を腐らせてしまったのと同じ事であります。この住宅難の時分に家相が悪いから住めないとか、家相が悪いから病気になるとかいうような迷信は打ち破らねばなりません。こんな家相のところにいたら危い、屹度《きつと》病気をするだろうと思って、常に戦々兢々としていましたならば、その恐怖心のために血液の中に毒素が出来るのであります。その毒素の一つは、今まで生理学で分っているところに依ると、副腎からアドレナリンという薬が分泌される。これは、喘息などの時に微量を注射したら効くという薬ですが、非常に激しい薬で、少しく余分に注射したら死んでしまう。その過渡時代に於いては怒《ど》髪天《はってん》を衝《つ》くというように髪の毛が峭立《しょうりつ》する。皮膚や筋肉が寒い時のように収縮して鳥肌《とりはだ》を生ずる。その代りに胃袋の筋肉などはダラリと垂《た》れて収縮力を失い、消化力を喪《うしな》ってしまう――こういう毒薬が、恐怖している人には毎日内部から適量以上に分泌されるものですから、身體《からだ》が弱って来るのは当然のことであります。そうすると「家相が悪いからやはり私の身體が弱って来た」こう考えるのでありまして、自分の心が身體を弱らせ、身體を病気にさせたことには気がつかないのであります。そういう病気は恐怖心から起ったものですから、薬を飲んでも効くものではない。すると愈《いよ》愈《いよ》家相が悪いから薬が効かないなどと考えるのであります。併し本当は家相が悪いのではない。家相を「恐れる」ことが悪いのです。

私はその人に答えました。「今行われている家相判断は大抵、家相の輪廓判断や、玄関とか、井戸とか、便所とかの大きな物の輪廓の配置でありますが、本当の家相は、その家の中に何を何処に置くかということによって極《きま》って来るのですよ。火鉢を何処へ置く、机を何処へ置く、茶碗を何処へ置くということによって定《き》まる、人間の人相でもそうでしょう。眼鼻は何処へ置く、唇を何処へ置く、額にどんな筋をつける――そんなことによって変る。鼻の先を指でおさえて一寸その位置を変更すると忽《たちま》ち人相がだらしなく滑稽《こっけい》になってしまう。顔の道具をほんの一寸位置を変更するだけでも、こんなに人相が変るといたしますと、どんな輪廓の家でも、その中に置く道具を何処へ置くかということが大切であることが判りましょう。ではその家の中の道具を何処へ置くようにしましょうかと尋ねられても、それは自分が此処へ火鉢を置きなさいと一々教えるわけには行かない。自分の心で考えて都合が好いとか體裁が好いとか判断して置くより仕方がない。それは住む人の心の勝手であって、住んでいる人が自分の心に気に入るように置いておくのです。丁度、腹を立てた人は眉を逆立てて置くとか、楽しい人は眼尻を下げた形に眼を置くとかいう風にであります。こうして人々各々人相が異《ちが》うように、それと同じように家の中でいろいろの諸道具を自分の心に随って置く、その置き方に依ってその家相が変るのでありますから、家相は自分の心の表情だということになります。今のあなたの家はいいか悪いか知らぬ。それはあなたの心の通りの家相なんだから。家相が先であなたの心が後でない。自分の心が先で心の通りに家の諸道具を置いておるのですよ。楽しい心を持ちなさい。感謝の心を持ちなさい。天地一切のものと調和する心を持ちなさい。そうすれば、あなたの心の調和した姿にあなたの家の家相が調和したものになりますよ」——こう申したことでしたが、本当の家相は心の中にある。——これは生長の家の家相観であります。皆さん家相などということに捉われないで、どんな家にでも安心して感謝して生活すれば、其処が好い家相になるのであります。

心の扉を開け

およそ家相はどんな形でもよいけれども、自分の心を、心の家相を好くして心の扉を閉じないで開けて置くということが必要であります。心を暗くすることは心の扉を閉めることになります。心の建築物の窓を開いて光を素直に受け入れるようにして置きましたら、「吾、戸の外に立ちて戸を開くものあらば、吾は戸の内に入らむ」と神様は仰せ給うたようにいつでも戸の外まで来ていらっしゃるのです。否、既に戸の中まで来ていらっしゃるのです。丁度今出ている太陽の光みたいなものです。けれども暗幕や遮光幕《しゃこうまく》を、今でも張って御覧なさい。すぐこの明るい日中でも、この部屋は暗くなります。今日中で明るいが、眼を今つぶればもう暗いのであります。部屋が暗いのでも、太陽が暗いのでもない。自分が暗いのであります。それは、太陽光線がないからではない。神様の恵みがないからではない。自分の心の眼を閉じているから光が見えないに過ぎません。心の眼を閉じると申しますのは、つまり神様の波長に合わないような心を起すことであります。神様らしい心を起す。お国のためになる心を起す。社会に盡《つく》す心を起す。両親に孝行の心を起す。兄弟に深切の心を起す。そういうようにしておりますと、生命の大本源と、心の波長が融合致しまして、神のめぐみを豊かに受け、神の智慧に導かれ、神智をもって大発明を完成したりして、能率はあがり、国民のためになり、求めずして、国民から表彰されるというようになるのであります。

癒能の大本源に触れよ

吾々は何にも恐れることはない。借金が出来たら拂《はら》えば好い。貧しくなったら金持ちになれば好い。病気になれば治せば好い。穴が出来たら穴埋めしたら好い。からっぽの紙袋があったら、そこに物を入れたら好いのであります。そんなことを言ったとて、そんなに無造作に出来るものかと思われましょうが、人間智慧で造作するから旨く行かぬので、人間の造作を捨てて、神心になり、神の智慧を自分に流し込めば何でも出来るのであります。要するに萬事を癒やす力は神から来る。創造力の減少でも生活力の減少でも、凡て神なる「癒能の大本源」を喚《よ》び出して癒らぬものとてはないのであります。人間社会の不幸、災難欠乏、無能一切の悩みはそれは積極的實在ではなくして、其処に「神が欠乏している」ことであります。而《しか》も神は到る処に充ち満ちているから、真に神が欠乏しているということはない。それは「神が充満している」という自覚の欠乏という消極的状態に過ぎないのであります。智慧、愛、生命、供給及び美又は調和は神のシンボルであります。神なる癒能の大本源に触れるには、吾々は智慧によって神を知ると同時に、愛を心に起さなければならない。愛は深切行であります。愛は行じなければならない。また生命を出さなければならない。生命力は蔵《しま》って置くだけでは無駄に消費されてしまうのであります。又美を出さなければならない。美は調和のあるところから生まれるのであります。こうして、智慧と、愛と、生命と、調和とが調《ととの》えば自然に萬事なくてならぬものが調う。これを「無限供給」と生長の家では申しておりますが、これは魔術でも手品でもない。愛と智慧と生命と調和との結果、必然そうなるのであって、生産拡充もこれによって調うのであります。また愛はすべてのものを癒す力であります。やさしい言葉を上役から掛けられると自然に能率があがります。愛されない時には、人間は生き甲斐を感じられないのであります。世の中にはどうしても奥さんの病気が治らないというようなことがよくあります。そういう場合には、何故治らないのかというと、屹度その奥さんは夫を怨んでいるか、夫の愛に絶望しているからであります。外見から見ると、そんなに夫婦喧嘩するような家庭でなくとも、女性は愛の天分を有っておりますから、どんな些少の夫の小言からでも、非常に深刻に傷手《いたで》を受けることがあります。そしてそれをぐっと心の根に保っていることが多いのであります。そして、そうでもないのに、「もう私の夫は私から愛が離れたのだ」、そういう風に考えるのであります。そうして「もう私は生き甲斐がないのだ。もう早く死んだ方が優《ま》しなんだ」――そんなことを考えるのであります。現在意識でハッキリとそう考えないでも、潜在意識に「生の希望」を失いますと、それが病気となって妻自身にあらわれてくるばかりか、時には妻の怨みの念波の関係から夫が病むというのも起りがちであります。また夫婦の精神葛藤《かっとう》、心の持ち方が悪いのが原因で、家族全部が病弱になる事もあります。そういう場合には心の中の夫婦葛藤を直すことが必要であります。それには夫婦互いに感謝するということより他に致し方はありませぬ。感謝は萬事を解決するのでありまして、互いに感謝しないで「お前のこの心の持ち方が悪いから、こうなのだ」などと互いのアラを深して咎め立てを致しますと、愛は冷たくたり、互いの心は棘で刺されて、家族は傷つき家族の病弱は治らないことになります。病人にとって深切な言葉、愛の言葉ほど力づけるものはありません。工場でも鉱山でも上役が一つ「愛のやさしき言葉」を勤労者に投げかけるように致しますと、病気欠勤の實数も減ってくるのでありまして、生長の家誌友が監理している工場鉱山ではその實例が多いのであります。

具體即普遍の日本的真理

夫婦の病気というものは、どちらか一方だけの心が治っても治らないことがあります。夫婦揃って本当に心が更《あらたま》らないと、一方丈ではどうも不完全であります。夫婦は車の両輪のようなものであります。私達は入信の初期の人から「先生、私は医者をやめても可《よ》いでしょうか、病院をやめても可いでしょうか」といった相談を受けることがあります。私はいつでも医者をやめよとも、薬をやめよとも、退院せよとも言わない。「夫の被仰るように素直になさいませ」と言います。私達の信仰は医術排撃でも、薬排撃でもない。「心を調和せしめなさい。神の靈波と波長が合うよう心を調和せしめなさい」と説くのみであります。不調和では夫と衝突して夫に逆っては、何をしても駄目であります。大抵の奥様の病気は夫との精神的摩擦が原因なのですから、それを益々増長せしめるような指導を行ったら、たとい正しい事を教えても、その事柄一つは正しくとも、周囲との相応上正しいものが正しくなくなるのであります。妻というものは、どんな時にも、夫の被仰ることをそのまま素直に聴いた時に、そこに道がおのずから開けて来るのであります。一寸危いように見えても、妻が素直に随うときには夫のすることに間違いはない。さっきの白鳩のように、巣皿の中に卵を置いて下さるのも飼主の慈悲であり、病院に入れて下さるのも夫の愛であります。巣皿とか、病院とかいう形を批判してはならないのであります。形を見ずに實相を観る。實相とは内在する魂であります。よくしてやろうと思って病院にまで入れて下さるその深切な魂に、「有難うございます」と本当に感謝すれば、巣皿の中に入れられた卵が腐らずに孵化《ふか》するように、病院へ入れられた奥様の病気も亦《また》治ることになりましょう。その夫の深切を無視して、こんな病院は駄目だと反抗するといよいよ益々病気が重くなるのであります。夫を怨み、医者を怨みしていますと、その心の反映として、心に描いているとおりに血液の中に毒素が出来て、自然療能が妨げられることになるのであります。神は遠いところにいらっしゃるのではない。家庭に於いては夫が神であり、家長が神であります。具體的に現實的に目の前にあらわれていらっしゃる神に素直に随わないで、目に見えない架空な、具體性のない神を拝んでばかりおりますのでは本当ではありません。目に見える神を拝めないようなことでは、目に見えない神は一層拝めないのであります。生命はただ抽象的なものではなく「普遍即具體具體即普遍《ふへんそくぐたいぐたいそくふへん》」のものなのであります。

第九章　愛はすべてを癒す

科学と宗教とは背反しない

科学の振興が叫ばれております。科学は自然の法則の探究、その結果の體系化とその實際的応用とで成り立っております。科学が可能なのは、吾々が法則の世界に住んでいるからであります。法則はノリ即ち大生命のミコトノリでありますす。宇宙の大神がミコトノリし給うたノリゴトが自然界の秩序となって現われ、法則となって宇宙に充満しているわけであります。「太初《はじめ》に言葉あり、言葉は神と偕にあり、言葉は神なりき」とヨハネ伝の冒頭にあるのはそれであります。宇宙の法則の最も根本的なものは陰陽二元の総合であります。これはメンタル・サイエンスでもPolarity と言っております。正反合の生命辯証法的発展によって萬物は生々化育して行くのであります。陽が中心位に位していて、陰がその周囲をめぐるのであります。それは宇宙の一つの法則となって、そして宇宙に充ちているのであります。太陽系宇宙に於いても、太陽即ち大なる

「陽」の中心體が宇宙の中心にあり、群星はそれを中心に帰一して回転しているのであります。物質分子も中心に陽電體《プロトン》があって、陰電子がその周囲に回転している。法則は陰陽の法則のみではなく、幾多の法則が無際限に充ちている世界がこの宇宙であります。

この宇宙の本質は「心」であるか「物」であるかということは、いろいろ理論のあるところでありますけれども、この世界は「法則」の満つる世界だということは誰でも知っているのであります。「物」も「心」も法則によって顕われて来るのでありまして、法則即ち宇宙だと謂う事も出来るのであります。「物」というものは最初になかったということは、最近の物理学者なら誰でも知っているのであります。宇宙の初めには形なきエネルギーのみが満ちていたのでありますから、この宇宙は「物」だということは間違いだと言わなければならないのであります。而《しか》もこの形なきエネルギーは法則をもったエネルギーであります。ところで、法則というものは条件によって顕われる。即ち或る条件を認識する力の存在を豫想しなければならない。例えば、水素が酸素に出会って結合するためには、相手が互いに何原素であるかを認識しなければならぬ。即ち広義に於ける知性（知覚し表象する力）がなければならないということになります。つまり物理化学的宇宙の最始源のエネルギーは知性あるエネルギーだということになります。その知性あるエネルギーとは「生命」であり、広義に於ける「心」だということになるのであります。（狭義に「心」と謂《い》えば精神現象のことであります）即ち広義に於ける「心」（大生命・宇宙の心・神）というものが物質に先立ちて存在し、それがノリとして展開し、（神がミコトノリ・即ちコトバとして展開し）ノリ即ち法則によって萬物が生成したことになるのであります。この法則の世界に、吾々人間は法則に依って生まれて来て、自己のうちに法則を宿している。自己の内に宿っているいのちも一つの法則であります。吾々人間はミコトノリによって生まれ、ミコトノリによって生きているのです。ミコトノリを簡単に謂ってノリ（則）と称するのであります。一分間に何回呼吸するとか、心臓は一分間に何回搏《う》つとか、それはその時の内的環境及び外的環境に応じて一定の律即ちノリを有っている。その法則《ノリ》が壊《くだ》けてしまったら人間は死んでしまうのであります。いのちとは實はノリであるからであります。

人間が生きているとは法則が生きていること

そういう風に吾々のいのち自身は法則に依って成り立っておりまして、法則が破れた時には死んで行ってしまうのであります。そうするとここに「人間」が生きているということは法則が生きているということです。「物質」が生きているのではない、「法則」が生きているのでありま す。「物質」とは法則の一面の顕われに過ぎません。「物質」そのものは無いのであります。法則に外れたとき、それは皆死物であります。宇宙には何があるかというと法則がある。否、「死物」さえも法則に随って消滅するのです。鉄なら鉄という頑とした一定の塊があるかというと、そうではないのであって、それは或る法則の時に鉄として固く現われるだけのことであって、或る法則の時には飴のようにも柔くなる。本当は法則だけがあるわけであって、法則に随って色々の形があらわれて来るのであります。法則は無形の知性であって、これを「宇宙の心」と言っても好いわけです。「一切は心のあらわれ」とは心という符牒《ふちょう》をつけて吾々は説いているだけであります。「生命の波」と言っても好いのであります。生命の波はコトバでありますから、一切はコトバの現われだと言ってもよろしい。一切は生けるエネルギーの発顕と言ってもよろしい。兎も角そういう意味の生きている「宇宙の心」が、「知性」が、「法則」が「生命」が一切のものの實相であって、吾々の「時々迷う心」は「迷わない宇宙の心」につながりをもち正念を起すときに宇宙の心に波長が合って、生々発展も妄念を起すときには波長が合わないから沈衰するのでありまます。兎も角、「物質」がものの實相ではない。それは或る法則があらわれたときに顕われて見える一つの面である。すべての物の本質は物質というものではない。生きるいのちのエネルギーなのであって、それが充満しておって、それがみずからの内に内在する法則に依って動いているのであります。それは「法則」とも、エネルギーとも、「心」とも、「コトバ」とも称し得ますが、それだけでは言い足りないことになるのです。どう言いあらわしても言い足りない。ですから心の尚その奥のもととも言えるのであり、「心」以前の存在であるとも言えます。人々は各々別々の意味で「心」という語を使いますから、「心」という語の定義を定めて置かないで議論しては混雑を起します。私の弟子で、殊更に別派を立てて「宇宙の本體は心ではない生命だ、わしの方が谷口より偉い」と言って自分の信者吸収策に奔命している人もある。禅宗などでは「父母未生以前の本来の面目」とも謂《い》う。兎も角名前の附けようがないから「無」などとも謂う。また「無」という語にとらわれて議論する人もある。そこでまた「空」というような名前をつけたり、エーテルというような名前をつけたりしたけれども、それも完全でないのでありますから、「言詮不及《ごんぜんふぎゅう》」とも「不立文字《ふりゅうもんじ》」とも謂う。兎も角宇宙の實質はそういうものであって、宗教的に謂えば法則即ちミコトノリの充満せる世界であります。法則の世界に「法則」が生きている。それが人間の生きている實相です。結局ミコトノリだけの「世界」であり、ミコトノリだけの「人間」であります。宇宙大生命のミコトノリの「世界」にミコトノリを内容とする「人間」が生きておるのであって、吾々はミコトであります。何某《それなにがし》の命《みこと》なのであります。吾々が何某のミコトであることがわかりましたら何某のミコトの如く生きれば好いのであります。けれども、そのミコトの如く生きずして、或いは何原素の「物質」の如く生きたり、或いは低い段階の獣の如く、四つ足の如く、生きるものですから、そこに災禍が起り、躓《つまず》きが起って来るのでありまず。神様はこのノリの世界に完全微妙なるノリとして充満していられるのであります。それは吾吾の見ているような空間的世界ではない。空間も時間も神様のノリの掌中にある。それは一粒の朝顔の種の中にその朝顔の生長の過程の全相が既にある如く、一切を掌中に握っておられる生命であります。種の中には嫩葉《ふたば》の形も宿っているし、蕾《つぼみ》の形も宿っているし、花の姿も宿っているし、實《み》の姿も皆宿っているのであります。一つの種の中に一切が纒《まとま》っている。それはどんな具合にまとまっているかというと、丁度映画のフィルムが時間空間的にひろげられない前に「一」に巻きおさめられているように、空間なきところに、時間なきところにそこに全部少しも不調和なしに秩序整然とそのままそこにあるのです。それはどんな姿でそこにあるかというと、一言で謂えば「法則」だと言っても好いのです。つまりこういう条件になったらこういう嫩葉が出て、こういう条件になったらこういう茎が出る。こういう条件になったらこういう花が咲き、實を結ぶというような「法則」であります。法則というものには空間的容積もない。ある特定の時間だけにあるものでもない。時間を超え、空間を超え、一切の時間の中に一切の空間の中に充ち満ちており、時には嫩葉を出し、芽を出し、茎を出し、花を開かせ果を結ばせる、その悉くが種の中に初めからあるのであります。

種の中と言いましても、それは適当な表現ではないのですけれども、他に言葉の表現のしようがないから「中」と仮りに言ったのであります。吾々の「中」にそういうノリが生きておって、そのノリをいのちというのであります。宇宙の法則そのものがいのちなのですから、法則を破ることをしたら、吾々はいのちを自殺しているということになるのであります。ですから吾々は常に法則を守らなくてはならないのであります。法則は決して自由に反するものではなく、真の自由を生かすものであります。

生長の家は本当の自由を生かすところなのであります。生長の家は「ねばならぬ」を解放する宗教だと謂《い》われておりましたが「ねばならぬ」と、我の力でねばならぬならぬと凝《こ》り固っておりますと、内在無礙《むげ》の法則が出て来ない。内在無礙の法則が出て来ないと本当の自由が失われてしまう。そこで、生長の家が「ねばならぬ」を解放してしまうというのは、内在無礙の法則の発露を邪魔をする「我《が》」というものが悉く粉砕されてしまって、宇宙の法則そのままになり切らせることなので、何でも出鱈目《でたらめ》、出放題をやれということではないのであります。我を捨て、宇宙のいのちのそのままになり切った時に、そこにそのままの「法則」、「法則」即ち自分の「いのち」の自由を恢復《かいふく》されて来るのであります。

宇宙は「法則」であり、人間の生命そのものも「法則」でありますから、法則に依って吾々はどんなものでも、自分の世界に引き出して来ることが出来るわけであります。その法則によって善きものを引き出す方法は、心を光明の法則に随って駆使し、言葉を光明の法則に随って駆使することであります。詰りコトバでよきことを常に言うようにすれば法則が動き出して来るのでありますす。コトバと謂いましても口で言う言葉だけではないのであります。言葉というものはいのちの振動でありまして、詳しく言えば、すべてのものがコトバになるのでありますが、種に肥料を与えるなどというのも一種のコトバである。これは「行《ぎょう》」というコトバである。種に或る振動を与えるわけであります。振動即ち「行」即ちコトバであります。森鷗外氏は『ファウスト』の日本訳にロゴスを「行」と翻訳しているのであります。コトはコトバであり、事行《じぎょう》一體であります。兎も角、コトバを与えると、そうするとそこから法則に随って物が出る。植物を育てるには光の振動即ち「波動」を与える。温みの振動即ち熱波を与える。皆「波動」に依ってその内に内在するものが誘発されて出て来るのであります。これは物理的、機械的の熱とか光とかいう波動もコトバだということでありまして、生長の家では決してすべて科学的操作や科学的医療を無視するものではなく正しき処置ならば大いに歓迎するのであります。しかし、自分が適当な処置方法を知らぬから、病気の部分は何でも切って捨ててしまえ式の医学には賛成出来ない場合があるのであります。人間を扱う場合には、人間に物質の法則と、精神面の法則と、更に物心二面を超えた「生命の全機」としての法則があるということを知って、その各方面から扱わねばならぬ。ただ機械的な物質的な面からのみ取り扱うのは間違いであります。人間には物質的面もあるが、物質的毒素を与えないでも、ただ威《おど》して恐怖心を起させるだけでも顔色を蒼白にし、重大な病気にすることも出来る。その反対に、重大な病気であっても言葉で心に安心を与えるだけで快方に赴《おもむ》かせる實例も多いのであります。これはいのちの波動たる言葉を以て生命に振動を起さしめると、生命はそれに依って一層活動力を内部から誘発せられる訳です。コトバで光明の振動を与えれば内部にあるいのちが出て来る。種々温熱の刺戟を与え、お湿《しめ》りの刺戟を与えると、植物の種から芽が出て来るように、吾々のいのちにコトバの刺戟を与えますと中から生命の芽が吹いて来る。即ち吾々の中に内在するいのちの波が出て来るわけであります。それは健康の力となり、勇気となり、いろいろの能力となり、智慧となって出て来るので、児童の健康も成績も言葉の力によって改善し得るのであります。「坊やはいい子ですね」と母親から言われると、好い子が出て来るのであります。「坊やは意地が悪いのですね」と言われますと、本来は好い子だけれどもその好い子の實相がねじれて意地悪の相に出て来る。悪い子は本来ないのだけれども、言葉の力でその本当の相がねじれて出て来るから悪い子としてあらわれて来るのであります。そのまま素直に人間の實相が顕われ出れば好い子であるほかはないのですが、言葉の刺戟に依って本来の實相がねじれて痙攣《けいれん》して出て来るのであります。それを正しいコトバの遣《つか》い方によって良化するのが生長の家であります。

母の誠心で子供の性質一変す

或る時、香川日日新聞社社長の東山半之《とうやまはんの》助《すけ》さんが来られて、大へん面白い話をしていらっしゃいました。言葉の力で子供がよくなったという話であります。それは日華事変中のことであります。高松の或るお役所の課長級の人の奥様で相当熱心な「白鳩」の誌友が一日《あるひ》東山さんを訪ねていらっしゃったのであります。御主人の課長さんは一寸『生命の實相』を覗いて見て、「谷口さんの思想はエマースンの光明思想と同じで、俺はちゃんと知ってるよ」といった調子で、別段生長の家に反対もなさらないが、それに熱心でもなかった。その奥様の方が熱心なのです。或る日「東山先生、私、本当にお恥ずかしい困ったことが出来ましたので、御相談に参りましたのです」と被仰る。「どうしました？」と東山さんが訊きますと、「本当に申し上げ難《に》くいですけど……」と奥様は全く恥ずかしい顔をなさいまして、「あのう、中学三年に参っている息子のことなのですが……」と言われる。「ああ、正《しょう》ちゃんですね。良い坊ちゃんですが、どうかしましたか」と、段段訊き出して行かれますと、大分手間が取れましたが、やっと奥様は話し出されたのでありまず。その正ちゃんが最近革バンドの腕時計を手に巻かないで、制服の衣嚢《かくし》に入れている。どうも様子が可怪《おか》しいのでお風呂に入っている間に、調べて見ると、時計の革バンドは机の抽斗《ひきだし》にしまって、その代りに幅の広い美しい紫リボンを付けているのを発見した。御主人は「あいつまだ子供だと思っている間に、早や色気附いたな、怪《け》しからぬ。今日帰ったらうんと窘《たしな》めてやる」と憤慨される。奥様はまだ乳臭い子供だと思っている坊ちゃんが、早や青春期で、こうした虚飾で女性の眼を牽《ひ》こうとしているのかと思うと、何だか情なくもあり、さりとて主人に強く叱らせては子供がどんなに拗《ひね》くれて悪化するかもしれぬと大変心配なすって、お豆腐の配給をお受けにお出でになるついでに、東山さんの新聞社の事務所まで走り込んだという訳でした。

東山さんは朗かに笑って言いました。ここが言葉の力で悪も善に変る肝腎《かんじん》なところであります。

「奥様、戯談《じょうだん》じゃありませんよ。何が大変で何が恥ずかしいんです？　坊ちゃんの紫リボンは、色気でも女学生誘惑のためでもありませんよ。人間はもう二歳の幼児になれば他人に自分を認めて貰いたい、認識されたいという本能的な欲望が起るものです。殊に中学三年頃からそれが旺盛になって来る。あの高等学校の学生が制帽にベタベタ油を塗って古い垢《あか》汚れた姿を装ったり、ワザと脛《すね》や肱《ひじ》の抜けたボロ服を得々然と着たり、煮染《にし》めたような汚いタオルを腰に吊《つる》したりするのも皆、この認識されたい念願なのです。私なども少年時代に怪我もしないのに手に白い繃帯《ほうたい》を巻いて往来の人目につくのを何か偉いもののように思った事すらあります。帰って御主人にお尋ねなされればキット御主人も頭を掻《か》いて『憶えがあるよ』と苦笑されます。青年が認められたいために人と変った風をする。それは色気でも何でもない。単なる稚拙な認められたい気分の現われですから、決して荒い言葉で叱ったりしてはいけませんよ。ただスラリと何の事もなげに坊ちゃんの紫リボンを却って認めて上げることですよ。そうすればいつの間にか自然に紫リボンは不必要で、無くなりますよ」と申されました。そこで、奥様は、「だって、どうして認めてやれば宜しいんでしょう？」と――まだモジモジしていられます。「そうですね、――坊ちゃんの勉強する机に一輪挿《ざ》しの壺か何かがあるでしょう？」「いいえ、そんなものなんか置いてありません。子供の机なんですもの」と言われます。「それがいかぬのですよ。子供の勉強机は家庭ではお佛壇や神棚に次ぐ神聖な、そして美しい場所として尊重して一輪挿しに時々の草花を挿《さ》すとか綺麗《きれい》に拭き浄めるとかいう風にすれば、キット子供は勉強好きになり、優等生になるものです。それを物置同様の雑然と取り乱したり、土瓶《どびん》や箒《ほうき》を乗っけたりしては、子供の心もその机の通り雑然となってしまう。だから奥様、お帰りに瀬戸物屋で十銭か二十銭の小さな花瓶を買って、それに紫のえぞ菊か桔梗《ききょう》の花でも活《い》けて置いてあげて下さい。そして坊ちゃんが何か言われたら『あんたが紫色が好きだから、喜ぶと思って活けて置いたんだよ』と簡単に言っとけばよろしい。心配無用、何でもないことですよ」こう東山さんは事も無げに言って奥様をお帰ししたのでした。

それから三日目に又その奥さんは東山さんを訪ねていらっしゃいました。今度は大変明朗で、「先日の帰りに、瀬戸物屋へ寄ろうかと思いましたが、豆腐の配給の方へ行く時間に差し支えますので、陶器の一輪挿《いちりんざ》しは買えませんでしたが、家へ帰りますと私の水白粉《みずおしろい》の空瓶《あきびん》に型の異った面白いのがあったので、先生のお指図通り紫のえぞ菊を二輪程活けて、子供の机の上に置くことにしました。するとその晩、息子は案の定『これは何だい?』と申しますから『正ちゃんが紫の色が好きだから挿したのよ』と言いますと『ヘーン』とか何とか言って、とてもくすぐったい顔をしてますの。主人が何か言い出そうとするので私が目交《めまぜ》して止めときましたが、翌朝になって柱時計の時間と合わす為衣嚢《かくし》から腕時計を取り出した子供は、今まで絶対にチラッとも見せなかった時計の紫リボンの端《はし》を、わざと私共にチラと見せるようにして、『これで時間合っとる』とか何とか言って、ソッと主人の顔色を読みとろうとするのです。私が頼んでありますから、主人はムズムズしながら知らぬ顔をしていました。すると息子はその晩お夕飯の時にはスッカリ紫リボンを垂らしたまま腕時計を出して見たりするのです。そして今朝登校の前には平気で時計を机に置いたりするようになりました。兎も角お蔭様で内証事のうしろ暗い気分がなくなり、主人の怒りの爆発から暴風雨が起らないかと思っていたのも、事もなくて済みまして、有難いと存じます。けれども主人は『紫リボンをその儘素直に認めてやっただけで、消えなくちゃ何にもならぬじゃないか。生長の家の教育法って甘いばかりだ』などと申します。先生、どうすればあれがなくなりましょう」と言われるのです。で、東山さんはこう答えられました。「奥様、今迄は坊ちゃんを悪化させないようにするだけの方便だったのですから、今度は方便だけでなく、本当の純真な母性愛で、坊ちゃんの實相を拝み切る。奥様と坊ちゃんと自他一體の純愛に融け込みさえすれば、もう既に母の絶対愛によってこんなにも認められているのだとわかれば、そんな紫のリボンなんかチッとも心に懸けないで忘れていても、いつの間にか消えてしまいますよ」こう東山さんに言われました奥様は、何か深くお心に頷かれたものがあったようでした。その後東山さんは新聞社の日常の業務の忙しさに取り紛《まぎ》れてスッカリこの奥さんのことも坊ちゃんのことも忘れてしまっていられた。ところが約一カ月後の誌友会の時にその奥様がお出でになってその後の報告をなさったのです。その報告をとりまとめてここで申しますと、その後ある婦人会主催の不用衣料交換会に、もう派手になってお召しになれない着物を奥様が交換にお出しになったのですが、その中で最も目星《めぼ》しい衣裳としては、お若い時の紫縮緬《むらさきちりめん》の菊の裾模様のある訪問着だったのです。ところがこれはもう流行遅れで、誰も希望者がなかったので、交換が出来ないで奥様はお持ち帰りになったのです。その時奥さんはフト靈感に感じたように心に閃《ひらめ》くものをお感じになりまして、早速にこれを解きほぐして、御主人のと、少し小型な坊ちゃんのと、二枚の座蒲団《ざぶとん》をお造りになりました。お召物を解きほぐし、座蒲団に縫い上げるまでの二、三日間、別に惜しいとも何とも思わないのに、唯何とも言えない涙が込み上げて仕方がなかった。それは恐らくこの奥さんがお母様から受けられた母性愛、またお母様がそのお母様——お祖母様から受けられた母性愛を伝承して、ここに若いとき着た訪問着がある。その訪問着をシンボルとしてその内に湛えられている愛の泉を、今、御自分の子に注ぐ時、遠い祖先から、イヤ神の永遠の世界から流れ伝わった無限の愛から愛への伝承に、みずからが感激して溢れ出た美しい涙でもあったのでしょう。私はこんなに今この息子を愛しているのだという感激が、雙頰《そうきょう》を伝う泪《なみだ》となって流しながら、兎も角、美しい紫縮緬の座蒲団が出来たのでありました。そこで、その紫の派手な裾模様のついた座蒲団を、坊ちゃんの机の前に敷いて置いたまま奥さんは台所で炊事をしておられました。と、学校から元気よく帰られた坊ちゃんはその座蒲団を見ると驚いて、大声で「お母さん、この座蒲団どうしたの？」と訊く。「それはね、お母さんが若い時の一張羅《いっちょうら》だったのだけれど、もう派手になったからお座布にしたのよ。あんたが紫色が好きだから恰度よいと思ってね」と答えると、「そう、お寺の院主さんの座蒲団見たいだなア」と坊ちゃんは言ったが、それっ切り黙ってしまった。やがて奥様は、坊ちゃんの喜ぶ顔を見ようと思って、手を拭き拭き台所から茶の間へ来て見ますと、坊ちゃんはその座蒲団の前にキチンと正坐して、俯むいて泣いていらっしゃるのです。「正ちゃんどうしたのさ？」と傍《かたわら》に坐った奥さんも唯胸が一ぱいで涙がホロホロ出るのです。永遠の親の愛が直接に子に伝えられる時の愛の感激の泪なのです。「正ちゃん、泣かないでよいでしょう。どうしたの」と言うと、坊ちゃんはとうとう泣きじゃくりつつ「だって、だって僕……僕……勉強します」とお辞儀をされます。奥様ももう泣き声が咽喉《のど》から溢れそうになるので、用事があるような體裁をして其処を立ってソッと台所へ行って泣けるだけ泣かれたのです。

その日から坊ちゃんの勉強の態度がスッカリ変って真剣になり、一、二日の後には紫リボンは消えて、前の通り男らしい革バンドの時計が手頸《てくび》に巻かれるようになったのでありました。成績は見違えるようによくなり、首尾よく当時の大学豫科の高等学校の入学試験にパスせられたのであります。

これは、青年の認められたい欲望を親の愛の念、愛の語《ことば》、愛の行によって、認めてやることによってそれが悪い方向に外れることなく済んだ例であります。念も、語も、行も、みな一種のコトバであります。子供は誰でも認められたい念願を持っているものでありますが、誰に認められたいかというと最も親に認められたいのであります。素直に親が認めてやらないから不良の異性の許《もと》へ走ったりするのであります。正しい認められたいという欲望が現われたものを、直きにあれは色気がついたのだとか、悪い癖がついたという様に悪いように解釈して、言葉でそう言ってしまうと、言葉の力でそうなってしまいます。ところがそうでなしに言葉の力をあべこべに用いて、「家の子供のすることは間違いがない」と信じて、そしてそれを言葉に表現して素直に引き出してやるように致しますと、人間のいのちのそのままは決して悪いものは一人もないのです。そのままのいのちが表面に出まして、立派な人間になって現われて来るのであります。そのままの人間をそのまま現わさないで、いのちをねじけさして現わすものですから、立派ないのちが曲った姿に於いて現われて来る。それを不良少年とか、不良少女とか言う。誰も皆本当は真っ直ぐないのちなのです。この例でも言葉の力は大切である。皆さんが子供を産んでお育てになる時には、どんな悪いことが現われておっても、それを悪いと認めたら悪くなってしまう。決して悪いものはないと認めて、それを愛し認めてやるようにすれば、キッと好い子になるのです。その紫色のリボンの子供は母親の最も大切な一張羅のお召物さえも、息子を愛する為には切り解《ほぐ》して座蒲団にまでして下される、「ああ母は私をこんなにも愛しているのだ」と信じた時、もう他に愛を求める気持ちがなくなったのであります。

第十章　自由自在になる法

心の絶対安静が必要

人間には心というものがあり、心の持ち方で健康も左右されるのであります。卑近な例を以て言ってもどんな栄養食をとっても腹立てたり悲しんだりしながら食事をしたのでは栄養とはなりません。運動鍛錬を行う心身に爽快な気分がなければ疲労するばかりであります。身體ばかり安静にしていても精神が不安焦慮に満ちていたら肉體も疲労困憊《こんばい》致します。そこで国民體位向上には精神指導を忽《ゆる》がせにしてはならぬということが判りましょう。生長の家では余り病気がよく治りますので、病気治しの団體であるかの如く考えている人がありますけれども、これは大変な間違いであります。吾々は寧《むし》ろ病気のことを考えて心を悩まさないように精神指導するだけであります。医者以外のものが、生半可な智慧で「病気について心を思い煩い、観察し、考慮し、工夫し、関心する必要は少しもないのであります」と『生命の實相』の中には患者に対してはっきり注意してあります。そのように患者というものは精神を安静にし、焦慮煩悶をなくするために、病気というものを考えない、考えないだけでない観察しないし工夫もしない。どうもしないで、そのまま生かされている心境になることが必要なのであります。心を安静平和ならしめるには、「病気」の存在を認めて、それと争闘対立の気分では絶対平和でいることは出来ません。それには、「病気というものはないのだ」「不調和というものはないのだ」「それは却って治す働きとして熱が出ているのだ」というように思い直して、症状と和解し、症状に感謝するようになりますと、心の絶対安静が得られるのであります。本来、吾らが病気だと思っている症状は、實は「病気」ではないのであります。不調和は心の中に生じ、それが形にあらわれて、元の平衡状態に帰ろうとしている状態が症状なのであります。だから「症状」を追っかけまわし、苦心し、煩悶し、心の中の不調和を増大したのでは、病気なる生命の不調和は消えない。不調和を治す為には調和を心の中に拵えたら、自然に不調和は治るということになるのであります。ところがこの「不調和」を消すために、「この不調和を如何にかせん」と思って、「不調和」を認めてそれを逐《お》い廻している限りは、どうしても「不調和」というものはなくならないのです。例えば甲と乙とが喧嘩している、仲が悪い。その仲が悪いのをどうしたら仲がよくなるかと思って、「仲の悪さ」を取り上げて問題にしたら、その仲の悪さは中々消えない。「あいつ仲が悪い。あいつのよくなる方法はなかろう」こう考えて色々処置をすればするほど、その「不調和」というものに心を捉えられて、不調和を逐い廻すことになるから、「認められたものは存在に入る」の原理によって、不調和は消えないのであります。

仲の悪い夫婦は無い

嘗《かつ》て某県の農学校の先生をして居られた人が生長の家の講習会にやって来られて、こんな話をせられました。その農学校は当時、生徒が頗《すこぶ》る乱暴で、五年生の生徒が皆集まって途中で受持ちの先生を邀《よう》して胴上げをして、空中高くほうり上げて、下で受けないで地面にドシンと落して逃げて往《い》ったり、先生を忌避してストライキをしたりして居たそうであります。所がその人が五年生の受持ちの先生になられたとき、生徒をみんな集めてこう言われた。「諸君はみな神の子である。神の子たる諸君には一人も悪い者はないのである」こう言って、生徒の悪を認めぬことを宣言し、「もし君らのうち悪い者が出たならば、それは諸君が悪いのではない。皆受持ちの僕が悪いのだから、この僕を擲《なぐ》ってくれ」と言われた。するとそれ以来生徒の乱暴はおさまり、見ちがえるように成績があがった。今までの受持ちの先生は、生徒の悪の存在をみとめて、その悪をどうしたら直るかと訓諭《くんゆ》したり、処置したりしていたからその悪が直らなかった。病気も同じことであります。病気の存在をみとめて、病気になり切っても、病気から逃げ出そうとしても駄目でありょます。病気を無いと知って、「病気は病気ではない。これは生命の抵抗現象である。生きているから熱が出る、痛みが出る。有難い」とその症状に和解する時、速《すみや》かにその症状の自療力的効果があらわれ、症状が消えてしまうのであります。

ところで、この先生が、ある年の七月の講習会でしたが、受講に来られて、「先生、私はそういう具合に、学校は非常に旨く調和して参りまして、萬事大変都合よくなったのですけれども、しかし一つ不完全なことがあるのです。どうしても夫婦が仲よくならないのです」と言われるのです。そこで、私は「そうですか、仲よくなかったら、仲よくしたらよろしい」と言った。「ハアー分りました！」とこうその先生は言われたのです。非常に判りの好い人でした。仲よくなかったら、仲よくしたらよろしい――これはもうきわめて明瞭な話である、難しい事は何にもないのです。仲が悪ければ仲よくしたらいい、こんな手っ取り早いことを忘れてしまって、そして仲が悪いからどうしようか、そう心配しているのが世間普通であります。ところがこの先生は、「仲が悪かったら仲よくしたら宜しい」そう言われて、ハアッと気が着いたのです。「本来仲が悪い状態などは無い。それは自分が仲が悪いと思いつめて、仲が悪いという行動をしているからだ」と気が着いたのです。誰でも気が着けば何でもない。これを悟りと言う。「本来夫婦が仲が悪い」という状態はないのであります。それだのに、その「仲が悪い」という状態を一つの何か儼《げん》とした固りの實體《じったい》があるかのように思って、「仲が悪い」という状態そのものを心に把んで、それを何とか処置しようと思って居るから互いに相手が愈々気拙《きまず》くなって来たのであります。ところが「仲が悪かったら仲よくしたら好い」と言われた時に、「仲が悪い」というような状態は儼とした動かすことの出来ないような状態ではないのであって、それは自分がただ勝手に仲を悪くして居っただけである。だから自分が仲よくしたらいつでも早速仲がよくなるのだ、言い換えると仲が悪いような状態はないものだと悟って妻に対して見ると、屹度良人《きっと》の顔にも、今までのように、仲の悪い腫物《はれもの》に触るような顔付表情がなく、きわめて平和な、うちとけた表情になっているから、自然妻もニッコリする、そうなると、もうここに「仲の好い夫婦」は實現しているのです。悟りというものはみなそういうものです。心を「悪」から外してしまうのです。すべての禍《わざわい》は心に「悪」を把《つか》まえて放たないところから来るのであります。この「悪」を如何かせんやと把まえている間は悩むほかはない。

「病気」と思っている症状は治す作用

そこで病気も、その病気から心をぱっと放ってしまえば好いのです。「何じゃこんな病気。本来こんな悪はないじゃないか。自分で気を病《や》んで拵《こしら》えていたのが、病気じゃないか」と、病気というものから心をぱっと外してしまえば病気は間もなく消えるのです。患者は病気という儼然たる固りがあるように思って、いつまでも、「病気、病気、病気」と逐《お》い廻して居りましたら、やまいは膏肓《こうこう》に入って中々治らなくなるのです。すべて悪いものはないのですから、症状は業消滅の過程なのだからパッと心を外せば業の自壊と共に消えてしまうのです。「病気を治す」というよりも、「病気を外す」ことが大切であります。「あの友達は意地悪をした。どうも私と仲が悪い。これを怺《こら》えて仲好くしよう」と考えている間は仲が悪いのです。ところが、「あいつと俺とは仲がいいのだ」と思ったら仲がいいのです。あの仲の悪いのをどうしたらいいかと思わないで、「仲が好い自分」を出してくれればよいのです。「あれは私の親友だ」こういう思いに変えてしまえば好いのです。何でも心というものは一つのものにひっかかり、固執するといけないのです。「仲が悪い」というのは何か或る場合に意見が衝突したとか、意地悪をしたとかいうことが感情の世界で固執されているに過ぎないので、その固執がつづいている限りは、一寸したことにも意見が衝突する、何でもないことに気が障《さわ》るという風になるので、これは固執されたる心の波の運動慣性即ち「業」であります。この固執を把まないで、何にも把まないという心になったら、人間は本来の自由を回復し、病気もよくなれば、人との間も仲よくなり萬事に於いて自由自在になって来るのです。

澤庵禅師《たくあんぜんじ》と柳生但馬守《やぎゅうたじまのかみ》

或るとき澤庵禅師と柳生但馬守とが立会いをやった。そうすると柳生但馬守は確かに「打ち込んでやろう」とこう思った。ところが澤庵禅師は何とも思わぬ。この「何とも思わぬ」ところが大変よい。ふうわりと立っているだけである。ですからどうも打ち込むことが出来ない。無構えの構えで、どこにも隙がないのです。それは何故打ち込むことが出来ないかというと、それは澤庵禅師は心の中に何物をも把んでいないからであります。何ものをも把まないで、無構えで立っている。そこにその儘の生命の自由自在があらわれているのです。人間が自由自在を失うとか、隙が出来たとかいうのは、こうならこうと一つの事に凝り固るから、そこで偏《かたよ》りが出来、隙が出来て来るのであります。瀬戸物でも力が不平均に作用《はたら》くと罅《ひび》が入るのであります。全體がどこへも偏らないで圧力が平均して居ったら、瀬戸物には罅が出来ない。ところが窯《かまど》の熱の廻りが不平均で一方に焼き損いが出来て、一方が固って来ると、そこに罅が入って隙が出来、みずから毀《こわ》れてしまうようになるのであります。人間でも茶碗《ちゃわん》でも外から毀れるように見えるけれども、その毀れる原因は内部にあるのであります。人間の心が或る一つのことに捉《とら》われたら、内部の力が不平均になって、血の循《めぐ》りも、ホルモンの分泌も不平均になって身體《からだ》に罅が入ることになります。心が不平均になると、症状があらわれて、その不平均を元へ返そうとするのですが、「自分は病気だ」と病気の事に捉われますと、愈々《いよいよ》心の内部が一方に偏り固執が出来て益々心に罅が入る。そして心に悩みとか苦しみとかいうことが増大するに随《したが》ってそれが肉體に現われて、益々病気が増悪するということになって来るのであります。ですから病気に罹《かか》っている人は病気を忘れてしまう、病気に心を捉《とら》えられないことが必要であります。

心が自由である澤庵禅師は柳生但馬守の様なえらい剣術の名人と立ち会っても負けないで、とうとう但馬守の方が「参った」と言った。本当にそう言ったかどうか、そこは私は見た訳でありませんから知りませんけれども、兎も角柳生但馬守の方が弟子になったのであります。そこで澤庵禅師が剣道の極意を書いて柳生但馬守にお上げになったそうです。それは『不動智神妙録《ふどうちじんみょうろく》』と題するところのもので、今日それは伝わっているのであります。それには何が書いてあるかというと、「一つのものに捉われたら心が自由を失ってしまうのだ」――そういう意味の事が書いてあるのであります。剣道の極意というものも人生の極意というものもやはり同じことであります。病気を治す極意も、人が仲がよくなる極意も、剣術に勝つ極意も皆同じことであって、一つのものに心が捉われたら心が自由を失ってしまうのであります。『不動智神妙録』にこう書いてあるのであります。これは皆様にわかりやすいように現代語に直して申し上げているのですけれども、一つのことに心が捉えられたら心が自由を失うということは本当であります。そこで十人を敵として戦っても十人斬り込んで来るうちの一つを受け流すと、もうそのことは一切忘れてしまって、次に来る剣を受け流す。その次にやって来る剣に対しては、又前に来た剣のことは悉く忘れてしまって、その次の剣に向う。そうすると千人と立ち会っても唯一人と立会っているのと同じだと書いてある。多勢と太刀合わせした場合、向うは多勢で沢山どっと一遍に刃がやって来たと思うために、こっちが気で押されて敗《やぶ》れてしまうのであります。ところが斬り込んで来る一つ一つの太刀のみを順次打ち拂って行き、先に打ち拂った剣はもう既に自分の心の中になく、心が常に空虚で澄み切っておれば、たった一つの剣としか立ち会っていないと同じことです。そういう意味のことが書いてあります。

そこであります。心が一つのことに捉われなかったら向うが千人斬り込んで来ても、こちらは唯一人に見える。唯一人に見えるから恐怖心が起らない。試合では千人と立ち会っても、千人が一遍に飛びかかって来ることは出来ないのであって、次々にあしらって行って前を忘れてしまう。これが詰り試合《しあ》う場合の極意であり、同時に人生の極意であります。そうなったら自分は一人でも、向うが千人やって来てもこっちは一人で対抗出来るから、千手観世音《せんじゅかんぜおん》と同じことであるのであります。ところが千本の手が仮令《たとい》あっても一つのことに心が捉われたら、外の千本は役に立たぬ。そればかりかその一本の手に一所懸命に気をとられて居ったら、他の方向には気がお留守になって、残りの九百九十九本の手は空になって役に立たぬ。役に立たぬばかりか却って邪魔になるのであります。これが『不動智神妙録』の内容ですが、これは一體何が書いてあるかというと心を転ずることですね。心を一つ一つ外してゆくことです。悟りというものは把みを放つにある。心を外してゆく――心を外してゆく人は心の重荷がないのであります。生長の家で「今を生きよ」というのもこれであります。過去もなければ未来もない。「今」楽しいのであります。「今」嬉しいのであります。それなのに、過去にあいつがああしやがった、こうしやがったと、心をもやもややっていたり、未来はどうなるだろう、自分は今これだけしか金がないが、不景気で商売が立ち行かなかったらどうなるだろうと、そう考えたりするのは一つの事に心が捉えられることなのであります。未来は未来であり、過去は過去である。次々と受けて行く太刀のように、次々とその時その場に受けて行けば何も難しいことはないのであります。即ちそれが「今を生きる」のであります。「今」「今」「今」あとは無いのです。「今」「今」ばかりなんですね。そうするとその人は楽しいばかりなのです。ある人を怨みに思うとか憎らしく思うとかいうものは、必ず過去の理屈があって、そしてあれは未来まで損害を与えるかもしれない、そういう風に持越苦労と取越苦労を連想して、その間に挾《はさ》まって勝手に苦しんでいるのであります。その逆で目の前に来た一本の剣だけ受けると同じに、それを一つ一つ受け流してから、その次を受ける。そうすると過去というものがないので一本の剣しかないのであります。さきの事は考えぬ。

「今」になり切る。

「今」になり切るのが「神妙不動智」であり、剣道の極意であり、人生の極意であります。皆さんが病床の上に横たわっている。「これで治るだろうか」とか、「この先どうなるだろう」とか、「治っても職業はどうなるか」とか考えているのは、これは「今」を生きるのではない。千人の太刀を千人だと思って恐怖する事になる。それでは可《い》けないのです。今この病床に横たわらせて頂いているその有難さに感謝するようにならねばならないのであります。ベッドも国家の恵みであり、社会の恵みであり、神の恵みであり、同胞のめぐみであります。これらの恵みなくしてこのベッドはない。有難うとそれを「今」受け切る――受け切るところに「神妙不動智」があらわれる。もう其処には何らの不安もない。血液の循環は平調となり、一切の生理作用は整い、病気はそのまま治ってしまうのであります。

第十一章　愛の實現する世界

人生の目的

神は創造の靈であります。創造の靈の目的は愛であります。愛とは何でありましょうか。愛とは両個《ふたつ》の同種族のものの結合であります。人間なら人間という同種族のものの陰陽の結びでありますます。それは互いに相寄って二つのものが完體となることであります。宇宙の「御中《みなか》」のどちらにも偏らない本《もと》のいゝのちが、陰陽二極のはたらきに岐《わか》れたのが、源《もと》の完體なる「一《ひとつ》」になることであります。吾々家庭で夫婦生活するというのも、他所《よそ》の男と他所の女とが、媒介する人があるので偶然に集まったのでないのであります。夫婦は本来一體の生命が本来一つのみたまと再認識して、そして完體となったのであります。男女いずれか一方だけでは人生に不完全さ淋しさを感ぜずにはいられないのであります。この本の「一《ひとつ》」に復《かえ》りたい感情が愛であります。もし「愛」の感情が充足せられなかったならば、吾々は本当に人生の悦びを見出すことは出来ないのであります。愛のないところには何となく、吾々はさびしく感じ、値打ちなく感ぜずにはいられないのであります。愛は本源の値打ちに復帰することであるからです。愛さえあったらものは必ずしも他の何物もなくとも飽満の感じがするのです。だから相愛している夫婦は「手《て》鍋《なべ》提《さ》げても厭《いと》やせぬ」と、昔から歌われている所以《ゆえん》であります。

兎も角、物質は欠乏しておっても愛というものが實現したならば、そこに互いに相別れているいのちが、そこに完體としての本然《ほんねん》の相を見出すものでありますから、自分のいのちが満足し、何となしに充ち足りた気がするのであります。そして外からの附けたりのものは必ずしもなくても好い感じがする。どんな茅屋《あばらや》におりましても、どんな貧しいものを食べておりましても、そこに愛さえあったならば、いのちの生き甲斐を感ずるようになるのであります。

神のいのちの本性は愛であって、神のいのちが吾々に宿っているのであります。だから神の表現である宇宙全體には愛というものが満ちており、また現われているのであります。それは物質分子の親和力にも見出すことが出来ますし、太陽と遊星、天體と天體との牽引力《けんいんりょく》の間にも見出すことが出来るのであります。分子と分子、天體と天體、人間と人間、同種類のものがたがいに斯く相牽引《あいけんいん》することによって、即ち愛によって一切のものは存在しているのです。分子同士が互いに牽引しなければあらゆる物質分子は互いに離れ去って、天體も存在せず、この宇宙は混沌《こんとん》として捕捉しがたき不完全なものとなっていたでありましょう。全ての物質の分子は陽電子を帯びた原子核を中心にしてその周囲に陰電子が廻っている。原子核の中にはまた中性子と謂《い》われている陰陽未剖《いんようみぼう》のものもありますけれども、併し大體陽電気エネルギーが原子核となって、その周囲に陰電子が廻転して成り立っているのであります。結局、電子という電気エネルギーの小體という同じ種類のものの拮抗的性質《きっこうてきせいしつ》の陰陽が互いに結び合って出来ているのが物質だというわけであります。

　植物の世界に於いても吾々は同一の原理が存在することを見るのであります。胡瓜《きゅうり》が實《み》を結ぶのを観察なさいますと、その花には男性の花と女性の花とがある。男性の花は普通あだ花と言われておりますけれども、吾々がもし胡瓜のあだ花の方は要らぬと思って、あだ花を全部取り除いてしまったら、花粉を媒介することが出来ないから、キット胡瓜は實《み》を結ぶことが出来ないということになるのであります。尤《もっと》も自分の畑のあだ花は皆取り除いても余所の畑から蝶は他の胡瓜の花粉を持って飛んで来ますから胡瓜は生《な》るかもしれませんけれども、余所にある胡瓜のあだ花も全部取り除いたら胡瓜は決して實らない。兎も角、生命が新しき創造をするためには陰陽交配することが必要なのであります。

植物の性的器官が未だ発見せられない以前に於いては、例えばエジプトに於いては各個の植物に雌雄の別があると認められていたそうであります。今でも、あの街路樹に植えられている銀杏《いちょう》などは雌雄の別があると言われております。植物学者に言わせるとどう被仰るか知りませぬけれども、割合に小さな樹で銀杏果《ぎんなん》の生《な》る銀杏と、いくら大きくなっても銀杏果の生らない樹とがあります。バビロニヤ人はナツメジュロの樹の女性の枝と、男性の枝と受胎せしめる為に、それを互いに結び合わしたということが古い記録に残っているそうであります。

無花果樹《いちじくのき》は花が咲かないで果を結ぶから陰陽の交配は要らぬかと、一時思われておりましたが、嘗てアメリカの或る地方に無花果樹を沢山移植したことがありましたが、一つも果《み》が生らないのであります。何故果が生らないのかと、原産地の無花果樹と比べて見ると、原産地には或る種の小さい蜂がいて、無花果の果のまだ米粒のように小さいうちに、それに針をさして液を吸う。そのとき陰陽の交配が行われると判ったのであります。それで、その蜂を輸入して繁殖させると、無花果樹の果が生るようになったのであります。諄々《くどくど》、この問題について述べねばならぬ必要もないでしょう。このようにして自然界の事物一切は、愛によって生成する法則が存在することを自証しているのであります。

これは必ずしも植物を實例に引いて来ないでも、物質の分子を實例に持って来ないでも、皆さん自身が生きていて、自分みずからの生命に實際に愛というものを自分のいのちに體験していらっしゃるのであります。皆さん自身自分の内に愛の法則というものが宿っていて、夫婦があり親子があり、愛情を感じ、牽引を感じ、その結合によって、次の時代が生まれ、生み生みて永遠に続いて行くのであります。でありますから、吾等は「創造の靈」が、吾らの中にその「創造」の力をわかち与えたのであることを悟らねばならないのであります。結局宇宙の創造の靈——即ち神——の中に、愛の法則があって、それが吾々に宿っているのであります。つまりすべてのものは神様から来たものでありますから、神様を抜きにして、そして途中から出て来たというようなものはない。吾々人間も神から来たものであります。その神から出て来た人間に「愛」が宿っているということは、神様そのものの中に、「愛」というものが存在するに相違ないからであります。何故なら「表現者」なくしては「表現」は存在しないからであります。そこに苟《いやしく》も表現されたものがあらわれている限りに於いて、表現するところの本體がなくてはならないからであります。「愛する者」なくして「愛」は存在しないからであります。神は愛を實現せんが為にこの世の中をお造りになったと言ってもいいのであります。皆さんがお生まれになったのは、結局愛を實現せんが為にお生まれになったのであります。

創造の目的

ですから、神なる「創造の靈」は、普遍的なる靈自體を個別的に表現するにあたって、その本性が「愛」でありますから、愛を實現するに都合の好いように、その「愛」を与えることによって自己實現を完成し得る面と、愛を享《う》け楽しむことに依って、自己實現を完成する面と、両面を備えたところの「人間」として先ず顕現し、これによって「創造の靈」自身の自己實現を求めたのであります。創造の靈即ち神様が何故個別的に現われて来たかというと、愛を實現する為には「愛するもの」と「愛されるもの」と、この二つがどうしても必要でありますから、「創造の靈」の本性たる愛というものを實現する為に皆さんをお産みになったのであります。皆さんはお生まれになった時から、もう既に愛されているし、又愛しているのです。幼い時にはハッキリと自覚はまだないかもしれませんけれども、親を愛するという心は自然に宿っておって、自然と母親の乳房に縋《すが》りつかずにはおれないというのが子としての本性であり、親としては無論、子を愛せずにはいられないのであります。

神様は、先ず愛する本體なのでありますけれども、「愛する本體」だけあったのでは、愛するにも愛する相手がない。「愛するもの」と「愛せられるもの」との二つが揃って、愛というものが成り立つのであります。そこで、神様は人間を神から愛されるところの、そういう「愛を享け楽しむ」本性をもったものとして、神自身が「人間」として現われられたというわけであります。神は神自身が愛であっても、愛の本體だけであって、愛される者がなかったら愛の対象がない、愛の目的物がないことになります。それでは愛を完全に實現することが出来ませんから、「愛されるもの」として神自身が「人間」として現われて参りました。だから、人間は神との関係に於いては、先ず神から自分は「愛されているものだ」という自覚を持って好いと思うのであります。「創造」の目的は、「愛」を表現することによって神自身を自己實現するためであると言わねばなりません。尤も愛を實現するために神様は、人間だけではない、いろいろなものをお造りになったのでありますが、そこに苟《いやしく》も創造のある限りに於いて、それは神の愛の自己實現であります。愛せんが為に、又愛の本性を實現せんが為に此の世の中の一切の事物をお造りになったのであります。或いは太陽が烈々《れつれつ》と照るのも、或いは雨が湿《しめや》かに降り注ぐのも、悉く神様が吾々人間を愛せんが為に、或いは植物を愛せんが為に、或いはすべての生きとし生けるものを愛せんが為であります。

神はその愛を實現するに當って、次第に漸増的《ぜんぞうてき》に簡単なる愛の實現から、尚一層複雑なる愛、向上せる愛の實現へと創造を続けていられるのであります。科学の発達ということも、神の愛のより高き實現への創造であります。その時代時代に於いていずれも神の愛がある程度まで實現しましたが、現代はより一層高次の愛が實現されようとしつつあるのであります。神は神自體の本性なる「愛」と「智慧」とを一層充分完全に表現することが出来るところのより高き世界と個體とを、次第に益々創造して行こうとされるのであります。

先ず神は「愛」を現わすために、天體系統のような偉大なるものをお造りになった。或いは小さな微妙な物質分子というような極微のものをお造りになったのであります。しかしそれだけでは愛は簡単な「萬有引力」等の形に於いてしか實現していない。そこで神はより高次の個體を創造し、次第に益々萬有の顕現を一層微妙複雑なものたらしめようとしているのであります。最初の神の愛は、機械的な物理的な力であらわれた。或いは、原子核と陰電子とが結び合っているような愛、或いは、太陽系統の太陽と、遊星とが互いに牽引し合っているところの愛の如きはそれであります。その愛は一面から考えると、ただの自然界の法則みたいなものであって人間的な情熱も深みもない。神の愛はそれでは満足なさらないのであります。神は愛の表現をば一層完全にデリケートなものにまで益々微妙に顕現せしめて行こうとせずにはいられない。その目的によって人間のような最高の立派なもの――「神の姿を顕現せり」と言って好いほどのものをお造りになったわけであります。ですから人間というものは、神様の一番高い最高の自己實現である――こう言えるのであります。皆様は神の最高の自己實現であります。人間が出現しなかったら、神様は最高の愛の自己實現が出来ないのであります。

そういう意味に於いて、人間は如何に尊き存在であるかということを自覚すべきであります。先ず自分の生命を尊び、そこから出発して尊き神らしき行いをしたいと思うのであります。

心の天の岩戸開き

神は肉眼に見えないところの潜在實相に於いては無限でありますが、現象的にはその無限が徐徐に展開するのであります。それは大美術家の潜在能力が無限であってもその絵は徐々に完成するようなものであります。神の愛は無限でありますが、それは天體系統や物質分子に於ける機械的な愛から人間同士の一層デリケートな愛に、更に進んでは自己を否定した純粋の無我の愛――人類への愛の精妙なる姿にまで顕現して行くのであります。

愛は斯《か》くして人類の為に自己を否定することによって最高次の発現を致します。この聖なる宇宙的目的に調和して生活するには、如何にせばよきかを教えるものこそ、真の宗教又は真の道徳の目的なのであります。愛が、自己の享楽を目的としていたのは低次の顕われに過ぎなかったのであります。宇宙靈は常に自己を与えています。神様のこのような愛の目的にかなうには如何ように吾々が生活して行ったならば好いであろうか。これを教えるのが、これが真の宗教又は真の道徳の目的でなければならないのであります。

ひとたび吾々が無我になって宇宙的生命の流れに棹《さお》さし、その導くままに船出して行きますならば宇宙生命はその聖なる御胸《みむね》の上に吾等をのせて下さって、祝福の幸福の島々へと吾等を運んでくれるに相違ないのであります。その時には個人の幸福は求めないでいながら自然に調うのです。吾々は宇宙の大生命のいのちの流れに素直な心になって、その流れに身を委せて、神様のいのちの流れと一緒に流れて行けば好いのであります。先ず「自分」を捨てよ、そこから新しき天と地とが出現して来るのであります。この消息が、黙示録にはこういう風に書かれております。「我また新しき天と新しき地とを見たり、これ前《さき》の天と前の地とは過ぎ去り、海も亦《また》なきなり。我また聖なる都、新しきエルサレムの、夫のために飾りたる新婦《はなよめ》のごとく準備《そなえ》して、神の許をいで、天より降るを見たり。また大《おおい》なる声の御座《みくら》より出ずるを聞けり。曰《いわ》く視よ、かみの幕屋、人と偕にあり、神、人と偕に住み、人、神の民となり、神みずから人と偕に在《いま》して、かれらの目の涙をことごとく拭い去り給わん。今よりのち死もなく、悲歎《かなしみ》も、号叫《さけび》も苦痛《くるしみ》もなかるべし。前のもの既に過ぎ去りたればなり」

この黙示録というのは、キリストの十二弟子の内の一人のヨハネという一番靈感的に秀れたる人が、キリストが喪《な》くなってから後、小アジヤのパトモス島というところに島流しになっていた時に、老人の姿のキリストが現われて黙示を与えたのであります。キリストは数え年三十三歳で磔《はりつけ》になったと伝えられておるのでありますが、黙示録にあらわれているキリストは老人の姿である。そして「七つの燈台の間を歩みたまう人の子の如きもの」となっている。「人の子」とはキリストであるが、老人の姿だから老人の姿は「人の子の如きもの」と「如き」がついている。その老人の姿は白い髯《ひげ》を胸まで垂れ、白い衣を裾《すそ》まで垂れた厳《おごそ》かな姿で、七つの燈台の間を歩んでいらっしゃる。

これが「久遠のキリスト」の姿であります。この久遠のキリストこそ、生長の家運動を起したまえる、本尊でありまして、『生命の實相』の第一巻の巻頭に「七つの燈台の点燈者の神示」とあるのは、この神様のお示しであります。ヨハネの時代にも現われたまうて「これより速《すみや》かに起るべき事を汝に見せるから、それを書き記して置け」こう被仰いまして、いろいろ幻のように、映画のように、異象をお見せになって、その光景に時々トーキーのように神様の言葉で注釈が附せられた。このヨハネの見た光景と、その神のみ声とをヨハネが筆記して置いたのが黙示録であります。

「我また新しき天と新しき地とを見たり」とありますが、「新しき天、新しき地」というのは別にこの世界が覆《くつがえ》って新しい地面が出て来るというのでないのであって、やはりこの儘の世界なのであります。このままの世界が、このままに天国になるのであります。この世界は見る人の眼が変って見ましたならば、このままの世界がこのまま又別の世界に変貌してしまうのであります。吾々の家庭でも、夫婦喧嘩をしたり親子喧嘩をしたりしていがみ合っている時は地獄の世界であります。その地獄の世界が、もしかその夫婦親子の心が一変してしまいましたならば、忽《たちま》ち新天新地がそこに現われて来るのであります。其処《そこ》には「我また新しき天と新しき地とを見たり」の世界があらわれて来るのであります。

そしてそこに現われて来る世界は新しき神の都であって、「かみの幕屋、人と偕にあり、神、人と偕に住み」――と書かれている。神様と人とが一緒に住んでいる世界、そういう世界がここに實現して来るということになるのであります。その時には、神と人とは一體になるのでありますから「かれらの目の涙をことごとく拭い去り給わん。今よりのち死もなく悲歎《かなしみ》も、号叫《さけび》も苦痛《くるしみ》もなかるべし。前《さき》のもの既に過ぎ去りたればなり」――ということになる。吾々の心の世界の天《あま》之《の》岩戸《いわと》開《びら》きがこうして出来ましたならば、そこに本当に幸福なる新しき天と新しき地というものが開けて来るのであります。

人がもし神の愛と一體となって生活するならば、常にこの黙示録の示す新天新地に住む事を得るのであります。神はその人のうちに、その完全なる表現を遂げ、愛はその完全なる顕現を見出したのであります。不快、苦痛、災厄又は貧しさをば最も容易に脱却する方法は神と全くひとつになり、神の愛を豊かに受けるほかはないのであります。吾等は「労《つと》めることも紡《つむ》ぐことも要《い》らない」と言っても遊んでいるのではない。労しながら労していない。つとめながら勤めていない。遊戯三昧《ゆげさんまい》の境地であります。吾等は唯無限者と一體なるものであれば好いのであります。吾吾は全く神にまかせ切って神の導きのままに動けば可《よ》いのであります。吾々は、わずらわしい労苦をして、取越苦労をしたり、自分の計らいでいろいろと悩むことは要らないのであって、唯、神――宇宙の靈、即ち宇宙のいのちとそのままに一體となって、その導きのままに動けば好い。そこに、新天新地というものが現われて来るのであります。

新天新地を見るには、吾々は唯、眼さえ覚ませば好いのであります。佛というのは覚者《かくしゃ》であります。心の眼が覚めておる者であります。吾々はともすれば夢を見ているのです。目を瞑《つぶ》って、眼《まなこ》の上に一種の帳《とばり》をもって蔽うて、そして存在の實相――本当の姿というものを見ないでいるものですから、この世の中は苦しみ、悲惨、憂苦充ち満ちたる世界である。こういう風に思え、また顕われるのでありますけれども、豈図《あにはか》らんやこの世界は悲惨、苦痛、憂苦充ち満ちたる世界でない。それは唯目を瞑ってそういう風に見ているのだ――これが真實の世界であります。法華経の如来寿量品《にょらいじゅりょうほん》の自我偈《じがげ》にあるように「劫《こう》盡きて此の世の焼くると見るときも、我が浄土は安穏《あんのん》なり」の世界であります。

心の雑草を刈れ

桃太郎のお伽噺《とぎばなし》にあります様に、鬼ケ島（迷いの世界）を征伐してそこに新しきところの新天地を拵えようと思ったならばどうしたらいいかというと、素直に生命の河の流れに身を委せてそのまま流れと共に流れていれば好いのであります。そしてお爺さんが山へ柴刈りに行ったように、自分の心の雑草雑木《ざつそうぞうぼく》を刈り取り、お婆さんが河へ洗濯に行ったように、自分の心の塵《ちり》を洗って、そのままの人間の實相まる出しになる。そうすると、自然と桃太郎が生まれて来て、鬼ケ島を征服し得ることになるのであります。といっても、心の雑草を刈るのは別に難しいことはないので、本来心は雑草無きものですから刈り除《と》るというのは、そのまま雑草を生《は》やさなかったら好いのであります。雑草というのは人間の雑行雑修の心であります。要らぬ碌《ろく》でもないことをくよくよと思い煩う、そういう心さえ出さなかったら、そのまま心の雑草は刈り除られているし、心の塵は生命の河の流れで洗い浄められているのであります。そうすると「桃」即ち生命の樹の果がドンブリコドンブリコと流れて来る、その生命の樹の果を食べたものは、即ちもう各自が桃太郎であって、それが鬼ケ島を征伐するのであります。鬼ケ島というのは、地獄の世界であります。御主人が奥さんを苛《いじ》めているのも、鬼の世界である。或いは雇い主が雇い人を苛めている世界も鬼の世界である。或いは病魔に取っ附かれている世界も鬼の世界である。そういう鬼の世界を滅ぼすのにはどうしたら好いかというと、どうもしないで好い。生命の河の流れに身を委せて、そのまま素直に生命の河を渡れば好いのです。必要な時が来たら、生命のお婆さんが来て掬《すく》い上げて下さる、實に楽であります。外から見たら實に忙しく働いているようで、その實楽なのであります。唯雑行雑修の心を振り捨てて一向専心南無阿弥陀佛を念ぜよと親鸞聖人《しんらんしょうにん》が被仰ったのは、そういうお心持ちだろうと思われるのです。吾等は何宗でも好い、「無限者」を呼ぶところの名称の如何は問うところではない。唯「無限者」と一體なるものであれば好いのであります。何も難かしいことはない。吾等は始めから神から生まれて、神と一體である。だから吾々は心の赴くままに何でもすれば好いのですけれども、唯一つ切符が要《い》るのであります。どんな切符かというと、「我は神の国の住民である」という切符であります。この神の国の住民だということを証明する購買切符さえあったら、すべての必要なものが自由に買えるのであります。衣料切符だったら、切符だけを持って行っても、お金を添えなければ買えないのですけれども、神様の世界は「自分は神の子である」という自覚の証明書だけあれば好いのであって、その他には何も要らないのです。

「私は神の子である」こう自覚して、素直に神様の智慧に導かれる通りに動いてさえ行きましたならば、そうすると何でも自然の催しで都合の好いことが起って来るのであります。

自己隠蔽から解放されよ

神との一體感を深くするには、「われ罪あり」の感じから解放されねばなりません。罪というものは神の子たる人間には本来無い、自分で自分を包み、自分で自分を握っているのが罪であります。手の不自由な人が「先生こんなに固くなって、動かないのです」といっているけれども、動かないのでない、自分が動かさないのです。動く力を持っているけれども、その力を自分の腕の凝り固まる方に使っているに過ぎないのです。それは恰度、夢を見て、悪魔に圧えられて動けないと思っている人が、覚めて見ると、自分の動く手でその動く力を自分の胸へ向けて圧迫しているのと同じ事なのです。この自縄自縛、無縄自縄が「罪」であります。ある宗教で「お前は罪があるから救われない」と言われて、気狂いになった人があった。それは罪があると思うから、その罪の観念で自分を縛って心が自由自在を失ったのであります。また或る宗教では、病気にかかると「罪障消滅《ざいしょうしょうめつ》」だとか「因縁消滅」だとか言って何かの施法行事をする。するとそれが動機で治ることがある。それは罪障とか因縁とかの観念によって縛られていたのが、その罪障や因縁がこの行事によって消滅したと信ずることによって、本来無いところの「無縄自縛」が解かれたのであります。

宗教的見地から観れば、人間の病気というものは、そういうものであって、罪障・因縁・人間は病むべきもの——などの観念に縛られているのであって、本来は動ける手足でも動けないと思って、私は中風だなどと勝手に考えている人がある。また私は肺が弱いから、動けない、動いたら悪くなると思っている人がある。こんな人は迷っているのですから亡者です。亡者が亡ぶのは当り前です。心に描いた通りに、その身に病気が現われて死んで行くのです。まことにお気の毒な訳であります。ところが、ひとたび吾々が心の眼を開いて新天新地を見た時に、そこにはもうどんな悩みもないのです。そこにはもうどんな偏った健康法を無理にしなくとも、ただ日常の働きをさながらにやっているだけで健康になるのであります。

人間は運動によって必ずしも健康になりはしないのです。自然と調和し、神と調和し、神とひとつになったとき本来の健康があらわれて来るのです。尤も、運動して健康になる場合もありますが、運動して病気になる場合もある。運動して健康になる體か、却って悪くなる身體かということは医師の充分の診断を受けるが可いのであります。診察という側では現代の医学は可成り進んでいるのであります。人見《ひとみ》絹枝《きぬえ》嬢《じょう》という人は、ランニングの選手でしたが、オリンピックで何着かを獲得して大いに日本の運動界の為に気を吐いたけれども、帰って来ると肺病で死んだのであります。もう一人オリンピックの女の選手の方が、上海《シャンハイ》から態々《わざわざ》その人のお父さんが来て私に相談せられたことがあるのですが、水泳の選手で一所懸命にやっておったところが肺病になった。『生命の實相』を読んで元気恢復したが、根本的に治るのにはどうしたら好いかと訊かれた。この實例によっても運動する事は必ずしも健康にならないと判ります。特に何か運動しなければ、血行の平衡を保てないという人は屹度、その人は偏った生活をしているからです。――つまり、神さながらの生活、神とひとつになった生活をしていないで生活が偏っているのであります。例えばお針ならお針ばかりする。或る人は立ってばかりおって立ち仕事ばかりしている。或る人はランニングばかりしている。ところが人間は朝から晩までお針ばかりする動物ではない。神《かん》ながらを生活していたら、自然に調節されるのであります。吾々は日常生活を当り前にしておれば、立ち仕事ばかりでなく、坐り仕事ばかりでなく、走り仕事ばかりでなく、凡ゆる種類の運動がある訳であります。日常生活がそのまま運動であります。棚の上の物を取ろうと思えば自然と手を伸ばし背をそらす運動になるし、落ちたものを拾えば屈《かが》む運動になる。坐して立とうと思えば脚の筋肉の運動になる。電車の女車掌は立っているから脚の運動ばかりかと思うと、あの職業をやっていると、腹筋が発達してドッシリと腹がしまって来る。人混みを掻《か》きわけて改札しているると腕の筋肉も発達する。必要に応じて、どんな仕事でも人様のためと思ってただ有難く従事しておれば、自然にどんな仕事でも、その仕事そのままが健康になるのであります。

筋肉発達法は必ずしも健康法にはならない。運動によってその部分の筋肉が発達するのは事實であります。筋肉を鍛練し、筋肉をイザという時のために発達せしめて置くためなら、筋肉は錬成して置くべきであります。併し筋肉がまるまる発達した人が真の健康かというと必ずしもそうでない。力士は真に健康かというと、必ずしもそうでない。力士は統計的にいうと一番若死にをする。もう四十歳にもなると引退して年寄りと称する。名前だけが年寄りかと思うと、不自然な運動は全身を老衰せしめるのであります。筋肉が隆々と発達することと、人間が永く若さを保つこととは別であります。サンドーという鉄啞鈴運動の創始者であった人は、世界一と言われる位の筋肉美の持主でありましたけれども、それでも四十位で死んでしまったのであります。私見たいにひょろひょろした弱々しい身體よりもサンドーは若死にしたのであります。私とサンドーとどちらが健康か、ひょろひょろしている私の方が健康なのかもしれないのであります。人間は生きなければならない。職業そのままに、それに感謝し、それを楽しんで自然に生きるところに本当の健康があるのであります。

凡そ健康とは、調和であって、不調和を不健康と称するのであります。だから纖弱《せんじゃく》でも纖弱のままで調和しておればそれは健康なのであります。偵察機のような馬力も少ない代りに、機體の構造も纖弱であるが機敏にはたらく飛行機もある。それは重爆撃機と比べてみたら如何にも貧弱だし、エンジンの馬力も少ないし、全體の目方も少なく、骨組も細いけれども、そのまま調和しておって何処にも病気はない。それで偵察機は身軽に身をひるがえして、どこへでも偵察に行くわけであって、あれはあのまま健康なのであります。偵察機に、「お前、筋肉が大分瘠《や》せておるから一寸太い機體をつけてやろう」と言って重い機體をつけたら墜落して飛べないに違いない。肺尖カタルの人で健康になろうと思って無暗に運動して却って悪くなる人がある。そうかと思うと、絶対安静だなどと言って、箸の上げ下《お》《ろ》しまでも遠慮して絶対安静にしている為に、却って筋肉その他の内臓の諸器官までも退行性萎縮をして働かなくなり、衰弱して死んでしまう人もある。その人が健康法として運動すべきか運動すべからざるかは非常に微妙なところでありまして、これは素人考えでは本当のことは分らない。神様がそれをよく知っていらっしゃる。神とひとつになるより致し方はない。神ながらの生活を送っていれば、自然に運動して可《よ》いときに運動せねばならぬようになり、休んだら好いときに、自然に休めるようになる。外からの催しと、内部からの生理的催しと、内外《ないげ》打成《たじょう》一片《いっぺん》であって、自然にそのまま健康になれる道が行じられるのでなければなりません。そして何か身體に故障のあるとき、熟練せる深切な医師の診断と勧めとは、外から催して来るところの神のみ声として、謙虚にその助言に感謝して随うべきであります。

第十二章　易感性の人の病気

女性は感情的に優れている

或る人の詩に「男達の見苦しい両足は、泥土にまみれながら、花のような美しい女性の心を、果てしなく踏みにじる」というのがありますが、兎に角一家の主人が家庭を調和せしめようと思ったならば、女性の心持ちということを知らなければならない。男と女とは人間という点に於いては一つでありますけれども、その性質が女の方は感情的方面に於いて優れているのであり、それだけ又デリケートであります。従って主人から悪意はないけれども何の気なしに言ったような言葉が、奥様の感じ易い胸に、心臓を鍼《はり》で突き徹《とお》すような感じを与えることがあるのでありま す。ですから又詩人は歌っています。「悪意はないが辛き手で、男達が弾ずるのは、妻の胸に張られた琴線」であります。妻の胸に張られているところのピアノ線の琴線、それに何の気なしに言う主人公の言葉がピシピシと響いて奥様の心臓に致命傷を与えていることがあるのです。そういう時奥様は「ああ、辛い！ どうしたらいいだろう」と感ずる。そしてその苦痛をハッキリと良人に表現してくれればいいけれども、そうでなしに、女性の内気な性質の常としてその心の痛みというものを自分の内にじっと押し隠して悶々としていることがある。そうするといつの間にか、その奥様が胸の病気になったり、肋膜になったり、神経病にかかったり、心臓病にかかったりするのであります。ですから、たといそれが真理の言葉であるからと言って、真理の言葉を遮二無二奥さんにアケスケ言って好いというわけのものではないのであります。たとえば此処に妻が病気になっているとする。その心理的理由が夫に判然《はっきり》わかりましても、「お前はこういう心持ちでいるからそんなことになるのだ。その心を改めろ」とその妻を咎めるような真理の説教をして必ずしもいいというわけではないのであります。よくしてやろうと思って説教しても、説教すればするほど、それを「夫は私を責めるのである。夫は私をもう愛していないのだ」と逆にこういう風に感ずる奥様もある。「お前はこういう気持ちでこういう具合にやっているから、そういう病気になるのだ」と懇々《こんこん》と深切に説明してやればやるほど、益々「私は良人に責められているのだ」――とこう思う。愛の故によくしてやりたいと思って良人が深切に説明すればするほど、「良人は私のあら探しばかりをして私を責めるのだ」そういう風に感ずる奥様もあるのであります。

このことは必ずしも奥様には限らないのでありまして、学校の子供でも教師がよくしてやろうと思って愛の心持ちを以て話しましても、それを教師の愛の心だとは受け取らないで、却って「この先生は自分のあら探しして自分を憎んでいるのだ」とこういう風にとる生徒もあるのでありますす。又親が子を育てる場合にしても、欠点を見つけて「お前こんなことしたらいかぬ」「あんなことしたらいかぬ」と口癖のように言っておりますと、「自家《うち》の親は私を愛していはしないのだ」こういう風に思うかもしれない。何の気なしに正しいことを言っておっても、それが必ずしも正しいと受け容れられないで子供の感情を傷つけていることが屡々《しばしば》あるのであります。

子供を気紛れで弄《もてあそ》んではならない

一寸ここで思い出しましたが、子供をよくしてやろうとする努力の他に、時とすると親は子供を玩弄《がんろう》することがよくあります。「あなたは私のお腹から生まれたのでないのですよ。お前は何々の橋の下で乞食であったのを拾って来たのだよ」などと要らぬことを、戯談《じょうだん》のように言う親があるものです。これは本当にその子が拾って来た捨子であったなら断じてそんなことは言わない。

また貰い子であっても言わないでありましょう。そういう場合には却って、出来るだけ「お前は私のお腹から生まれたのだ」ということを好んで言おうとするものです。けれども本当の子供ですから却って安心して、戯談に「お前は橋の下で乞食の子であったのを拾って来たのだ」などという。ところが子供は易感性《いかんせい》でデリケートな心情を持っていますから、本当にそれを信じて、「余所《よそ》の親」を自分の親ではないかと思って求め探すというようなこともあるものであります。

Sさんは、子供の時にそう言われたそうであります。ところがSさんは十一番目の末子《すえっこ》でありましたから、長子は二十年程前に生まれているのですから、そのお母さんは二十位も普通よりも年が寄っています。ところがお母さんが或る時戯談《じょうだん》に「お前はどこかの捨《す》て児《こ》を拾って来て育てたのですよ」と言ったのです。そうするとSさんは急に悲しくなったのです。「なる程そう考えて見ると、余所の親は皆もっと若いのに自分の親は大変年が寄っている。これは私の本当の母ではないのだ。もっと若い本当の母がどこかにあるに違いない。その母に会いたいものだ」そういうことを思い始めたのであります。すると、夢にその憧れている本当のお母さんが出て来て姿を見せるのです。その若い母親の姿は本当にあるのではないのですけれども、Sさんが潜在意識の世界に、こういう若い美しいお母さんが欲しいと思ったその「美しい母親」の姿を創作して夢に見せたのであります。自分の創作した母親の姿でありましたけれども、それを夢に見ますと、その印象が深く心に刻まれていよいよ「夢に見た通りのお母さんが本当に何処かにいるのじゃないか」という憧憬《しょうけい》を持つようになって来たことでした。すると現在の母親はニセ物であると思う。そのニセ物であるという感じは次第に除かれて来たのでありますが、一時は非常に精神的にショックを受けたのであります。何の気なしに子供が愛くるしいから、こんな戯談を言ってやったらどんな顔するだろうかと思って一寸した好奇心で言ったことが、非常に幼い子供の心を傷つけるということがあるものですから、よほど気をつけて、そういう戯談は無論のこと、真理の話でも、機宜《きぎ》を得ない真理の言葉が子供や妻の精神を傷つけるということがあるのですから、注意しなければなりません。常に耳に痛いことを言っていると、その妻が難聴症に罹《かか》ったり、子宮病にかかったり、痔疾《じしつ》にかかったりすることもあります。耳が遠くなるのは「聞きたくない心」のあらわれであり、子宮病になるのは「夫と争う心」の顕われであり、痔疾になるのは其処に「い辛《づら》い心」の顕われであります。真理を深切の心で話してあげる場合にでも、余り程度が過ぎると、家庭の中が却って争いの因《もと》となって来るものでありますから、その点は充分注意しなければならないのです。やはり時と場合と人との三相応という事が必要であります。その時、その場、その人に相応《ふさわ》しくないことでありましたら、折角正しいことを言っても、それが相手を憎んで「審判《さば》く気持ちで言っているのだ」と誤解されることにもなるのであります。こうして多くの婦人の病気が起っている場合もあるものであります。

人間は肉體の他に目に見えない感情體というものがあります。肉體は生理作用の器官でありますが、感情體は感情の座でありまして、感情に対して鋭敏に反応いたします。その感情體の反応は生理的肉體と互いに連絡いたしておりまして、感情が生理作用を動かすに到る事もあるのであります。恥ずかしいと赤面したり、心臓は別に故障なくともドキドキしたり、恐怖心を起したら直ぐ顔が真っ蒼《さお》となるという様に生理作用に影響を与える。時には毛虫が自分の皮膚の上を歩いたと思うと、ただそう思うだけで感情體に影響し、それが生理作用を左右して皮膚がミミズ脹《ば》れに脹れて来ることもあります。毛虫が皮膚を歩いていると言われて、そう思うだけで皮膚が脹れることがあるとしますと、あなたの胃の内部に胃癌があると言われますとそうかと思うだけで胃袋の粘膜が脹れて来ることも不思議ではありません。結核だと言われると一層結核症状が増悪する――これなどは当然なことであります。胃癌や結核は毛虫よりも恐ろしきものですから、それが其処にあると言われたら、毛虫が這《は》った痕《あと》よりも烈しい腫瘍《しゆよう》が出来たとて不思議ではありません。多くの病気は言葉の力でこうして起るのであります。

人間の感情體を傷つけると肉體にその通りの傷が現われる

京都の村井さいさんという人があります。その頃京都電燈の調査課の主任をしていらっしゃった人の奥様です。夫はその後財団法人科学館の理事をしていられたそうですが、これはまだ京都電燈にいられた時のことです。その人の奥さんがさいさんでとても生長の家に熱心なのですが、さいさんの姉さんは生長の家には無関心でいくら勧めてもお入りにならないのです。その姉さんが或る日のことバネ附きの金の入歯を失ったのです。どこへ置いたかどう探しても見つからないし、考えて見ると、御飯食べた時にはたしかに嵌《は》めておったように思える。金歯を嵌めながら、御飯食べたがそれ以来金歯がないとすると、あれはたしかに嚥《の》み込んだに違いない——こうその人は思い出したのです。それはそんなに大きな金歯でなかったのですけれども、脱けた歯に橋架《はしか》けして嵌《は》め外《はず》しの出来るように両方の本当の歯を挾むための金のバネが両側に出っ張っているものなのです。その両側に出っ張っている金のバネが腸へ這入って往ったらそれは大変だ、腸の粘膜に引っかかって粘膜を傷つけるかもしれない、腸穿孔《ちょうせんこう》を起したら大変だ、こう思って医者に診て貰ったのであります。医者は診察して見て、「よく判らないけれども、そんなものを嚥下《えんか》したのだったら薩摩藷《さつまいも》を少し余計食べたら、その薩摩藷の繊維の固りに取りまかれて、粘膜を傷つけることなしに、大便と一緒に排泄されるでしょう」と言った。そこでその人は毎日薩摩藷を食べて、排泄物を検査して見るのです。排泄物を毎日水にとかしてその沈澱物の中に金歯が出て来るであろうかと待ち兼ねておったのです。ところが、どうしてもその金歯は出て来ない。二十五、六日も待っておったけれども、とうとう金歯は出て来なかった。そうしたら心配になって来たのです。いよいよ出ないとすると、どこか腸のところに引っかかっているに違いない。こう思い出したのです。そうすると妙なもので何だか直腸の上の方に刺戟物が引っかかっているような感じがする。そう思って精神をその辺に集注して見ると、愈々そこに引っかかっているに違いないように其処がムズムズするのです。そこでまた医者に往って直腸鏡によって診て貰った。すると、直腸のその部分に何だか傷のようなものがある。その傷は外から来ているものか内から来ているのか分らないけれども何だか粘膜が爛《ただ》れている。「それはキット金歯は外へ出てしまったけれども、出る時にそこに引っかかったのじゃないですか。その引っかかったとき一寸粘膜を怪我さしたのでしょうよ」こう言われるのですけれども、それで金歯が出てしまったのだとはどうしても思われない。毎日排泄物を検査しているのに金歯が見つからないのは金歯がまだ外に出ない証拠である。そして直腸に傷があると其処に金歯が喰い入ってしまったのではなかろうか。そうすれば直腸のスグ隣りは膀胱《ぼうこう》である。金歯は膀胱の粘膜を破って、膀胱の中へ侵入して往ったのかもしれない。そう思うと膀胱も段々変な気持ちがして来るのでした。終いには膀胱の出血を起して、血尿まで出るようになって来たのです。

ところが或る日の事、家族の誰かが金庫を開いて見ると、その金庫の中から今までどうしても見着からなかった金歯が出て来たのです。「奥様金歯がここにありましたよ」と言ってその金歯を持って来られますと、一遍にその膀胱の出血が止ってしまった。そして間もなく直腸の爛《ただ》れも痛みもすっかり治ってしまったのであります。そんなにも「ここに病がある」という観念の力が人體を左右するかと思うと恐ろしいではありませんか。尤《もっと》もこれは「観念」だけではない。観念によって誘起された恐怖の感情――これが感情體にその形を印し、その形がついに肉體の生理状態を変化せしむるに到ったのであります。

恐怖観念を注入する診断は健康に害がある

そう考えて参りますと、医者が診断して「あなたの肺臓に結核菌が引っかかっているのですよ」と断々乎として言ったとする。すると、腸に入歯が引っかかっていると思ったら、そこから出血するという原理で類推してまいりますと、肺臓に結核菌が引っかかっているという「観念」と「恐怖」の感情だけで肺臓から出血しても不思議はないのであります。而《しか》もそういう出血状態になったらラッセルも聴えるかもしれませんし、レントゲンにも映るでありましょう。その部位は抵抗力が弱くなり、結核菌繁殖の温床にもなりましょう。ですから「藪《やぶ》医者にかかるな」というのは、すべての医者にかかるなというのではない。医者にもいいのも悪いのもあるのであって、兎にかく患者に恐怖心を唆《そそ》るような事をいう医者は藪医者であって、恐怖感情の作用に依って患者に危害を加えるところの驚くべき悪魔的役割を演ずることになるのでありますから、医者たる者は患者を扱う上に余程注意をしなければなりません。

これは医者だけの事ではない。皆さんがお子さんをお育てになる場合でも、兎に角病気の話は余り子供に聴かせないがよろしいのであります。「病気」という観念を心に描けば、入歯が腸に引っかかった観念が病気を起したと同様に、その「観念」が具象化して子供が「病身」になるのであります。田舎の人は健康であるというのは、それは田舎の人でも病気があるけれども、概して空気が清浄という物質的のことだけ考えている人があるけれども、それだけでなしに、實は田舎は無医村という所もある位で、従って精神が綺麗で病気なんて余り考えないのです。「病気」という「観念」もない。たとい病気に罹っても、病気などというものは放って置いても治るのだ位に極めて無雑作に考えている。その病気というものを恐れないところに農村人の健康というものがあると知らなければならない。ところが農村人が都会へ出て都会の精神雰囲気に触れる。電車の中などで、無暗に栄養剤がなければ健康を維持することが出来ないという風に宣伝した薬剤の広告に触れる。そこで農村人は都会へ来て病気の恐怖すべき事を知り、病気に罹り、農村へ帰って、そこの病気の恐怖心をひろめる――そこで都会に接触する農村には結核が蔓延《まんえん》するということになるのであります。本当の健康は病気の「観念」からは生まれない。健康の観念からのみ生まれる。病念の少ない農村へもだんだん都会の病気を恐れる精神波動が行くと、田舎でも結核が蔓延して来るのであります。都会との接触が農村を不健康にするというのは、単に病菌を伝播《でんぱ》するだけではなく、病気の観念を伝播するからであります。

都会で結核に罹った人が農村へ還《かえ》って来て、病気の恐るべきことを教えますと、病気恐怖の思想は一種の旋風見たいにその辺を掻《か》き廻し、龍巻のように彼方此方にブッ突かり、当るを幸い、それらの人達に危害を加えるということになるのであります。思想は種子《たね》でありますから、常に病的思想の出版物を読んでいる人は病気に罹り易いのです。虚弱な人に限って通俗医学の本や、衛生の本を読みたがるものですが、これは医者や看護婦の参考書としてはよろしいかもしれませぬけれども、素人は、読めば読むほど病念を植えつけられて不健康になり勝ちであります。素人は衛生書を読んで姑息《こそく》な素人療法をするより病気になったら医者にかかるがよろしい。素人のくせに、平常から衛生思想だなんて言って、病気の説明ばかりを書いた本を読んだりすると、自分の心の世界が「病気病気病気」とあらゆる病気の観念と恐怖を積み重ねつつあることになる。やがて、その「観念」と「恐怖」とが心の世界に保ち切れない過飽和状態になって来たときに、肉體的症状となって顕われて来るのであります。

小言や泣言は家族を殺す

そこで通俗衛生書をすすめたり、病気の恐るべきことを説いて、病気の観念を植え付け恐怖の感情を唆《そそ》ることは「害意なき殺害」となるのであります。さて誰でもあいつを殺してやろうと思って短刀で突き刺す人は戦争にでも行かないかぎり滅多にない。ところが吾々は日常生活に於いて無思慮の為に、人に深切をつくすつもりで、病気の恐るべきことを説いたり、イライラして叱りつけたり、短刀で胸を突き刺すような鋭い言葉の使い方をするために多くの人を刺し殺しているということが随分あるものであります。この害意なき殺害は知らずにやるのですから底止《ていし》するところを知らない。何の気なしに毎日ブッブッ小言を言っている女性があります。或いは毎日メソメソ泣き言を言っている奥さんもある。その小言や泣言が家族に影響して家族が絶えず病気を起すということもあります。そして「可愛い娘、可愛い息子」と思いながら、愛していながら知《し》らず識《し》らず殺してしまうことがある。そういう殺人犯は少しも刑務所に入れられない。しかもそれは一遍に殺すのでないから實になぶり殺しです。毎日不快な言葉で感情に傷をつけて、次第弱りになるようになぶり殺しをしているのです。「お前はそんなことでは可《い》かぬ」「そんな馬鹿なことをする奴があるか」「自家《うち》の子はどうだ、こうだ」と、毎日言葉の力で自分の妻や愛児の感情體をつゝ突いて、そして血みどろにしてとうとう衰弱させて殺してしまうような實例も随分あるものであります。「自分は人殺しなどしたことがない。自分は正しいものだ」と思っている人で而も多勢の人を殺している人が随分ある。その人は正しい人で正しいことときり言わないのだけれども、併しそれに依って周囲をどんなに傷つけているか分らないということが随分あるのです。ですから、吾々は言葉遣《づか》いは余程注意しなければならないのであります。吾々は意志なくして相手を傷つけるということをしてはならない。これは自分でやっていることが判らないでやりつづけるのですから、どの位害悪を及ぼすか判らない。ですからお釈迦さんに或る弟子が訊いたときに、釈迦は「お前は焼火箸を知らずに握った人と、知って握った人とどちらが火傷を余計するか知っているか」と言われた。「それは知らずに握ったものの方が遠慮せずに握るから余計火傷を致します」と弟子が答えると、「その通りだ、知らずに犯したならば火傷の程度は一層重くなる。害意なき殺害の方が一層罪が重い」と言われたのであります。

だから吾々は一寸感情が興奮して「知らず」に発した怒りの声が計画的に与えた傷害よりも更に一層残忍であることを考えてよく慎まねばならぬのであります。また医者ならば不用意な無思慮な態度で思わず言った言葉が相手に致命傷を与えることがある。「こんなにレントゲンで診《み》たら暗い影があなたの肺臓にありますよ」――こう深切で言っているつもりだけれどもそう言われると、「私の肺臓の何分の一かはもう結核菌に冒されていて駄目だ」と思う。そう思うことによって快《よ》くなるかというと決して快くならない。「ここに金の入歯が引っかかっているのだ」と思うだけで膀胱から出血した人のように、その患者の肺臓は一層悪くなる。併し現代の医者の中にはそういう事を平気で患者の前でいう人もある。そして精神的に患者を殺して置いて、「結核とは治療法がないのだ」などと平気で言う。これは害意なき殺害であります。医者が自分の治療の参考にするためにならレントゲンに撮るのも好いし、體温曲線を作成するのも好い。しかしこれを患者自身に公開して恐怖心を与えて自然療能力を萎縮せしめるに至っては、無智も甚だしき「害意なき殺害」であります。

脊髄癆《せきずいろう》と診断された恐怖で死す

高瀬清博士はもと長崎医大の精神科の教授で、後に長崎大学の学長におなりになった精神科専攻の医学博士であります。或る時その博士の弟子の医者のところに来た患者が病名がよく分らない。神経痛みたいなものを起していて原因がどうも分らないからというので、紹介状を書いて高瀬博士のところへ診断を求めて来たのであります。そこで丁寧に診断して御覧になると、まだ症状はハッキリ現われていないけれどもやはり脊髄癆《せきずいろう》です。脊髄癆というのは梅毒性の脊髄炎だぞうであります。梅毒のスピロヘータが脊髄を冒しているので、普通は中々難治ということになっている。これを患者に知らしたら、患者は「私は梅毒性の脊髄炎だ」と自覚すると（さすがは精神科の博士だけあって心理的影響を顧慮していられます）自覚した通りの症状が一層早くハッキリ現われて来て、その治療が困難となると思われまして、その弟子の医者に手紙を書かれたのであります。「これは私の診断では兎に角脊髄癆であるけれども、患者に病名を言ったら、却って一層早くその通りの症状がハッキリ現われて来るから、これを言わずに脊髄癆の治療をしてやって下さい」という手紙を持たせて弟子の医者の処へ帰したのであります。すると弟子の医者は手紙を貰って披《ひら》いて見た。そうしてそれを読みながら、「高瀬博士は君の病気を梅毒性の脊髄癆だと診断しているんだがね……」と思わず言った。するとその患者は、脊髄癆というのは医学上殆んど治らないものだ、不治症だと知っていたので愕然《がくぜん》としたのであります。「もう自分は不治症にかかったのだ。もう狂い死にするほか仕方がないのだ」と恐怖した揚句《あげく》、その恐怖心から一週間ばかり本当に気狂いのように悩み続けてとうとう死んでしまったという實例を談《はな》して下さいまして、高瀬博士は曰《い》われました。「医者というものは千人位殺して見なかったら本当に医者らしい医者にはなれないのです。こう言って私は医大で講義をするのです」そう言われました。高瀬博士は、千人位は医術の処置の誤りから殺して見て、あの時、こうすればよかった、こう言えばよかったと幾多の實地の反省を経て初めて名医になるのだということを言われたのでありますが、恐らくそうかもしれないのであります。吾々が写真をうつす場合でも千度位写さないと、百発百中どんな被写體をも完全に写し得るようにはならないのであります。序《つい》でに言いますが、レントゲン写真というものは一層むつかしいのであります。時々、「曩《さき》にレントゲンで写したときにはこんなに写っておったけれども、今度写したら何にも写りませんでした」という話がありますが、けれどもあれも露出の長短に依って写ったり写らなかったりするのです。それは普通の吾々の写真でも露出が長すぎたり、光線が強すぎたりすると、細かい陰影《デテイル》などは飛んでしまって写らない。だからレントゲン技師のやり方によっていろいろ写ったり写らなかったりするわけです。かつて岩手県の黒沢尻《くろざわじり》という所に三浦清治と言われる造り酒屋があった。その人が盛岡の講演会にやって来られた時、こんな話をされた。「自分は肩が凝るものですから、盛岡病院、岩手病院、赤十字病院という、附近で最も信用出来る大病院に行って、レントゲンで診て貰ったが、どの病院も悉《ことごと》く皆一つ一つ診断が異うのです。實にレントゲン検査なんていうものはいい加減なものだ。一つの病院では肺臓にポチポチが所々に映るから君のは肺病だと言うし、もう一つの病院では心臓の動脈のところが肥大しているから梅毒だと言う。もう一つの病院では、うちのレントゲン検査ではそんなものは写らないから何でもないと言った。どうもレントゲン検査位当てにならぬものはない」と大いに憤慨しておられたのであります。

喀血を恐るるな

こんな話は、先般レントゲン診査の結果を心配して相談に来られたと同様の人がこの書の読者中にもありましょうから、参考までに申し上げて置くのですが、吾々はレントゲン診査の結果などに恐れることは要《い》らないのであります。吾々はレントゲンで生かされているのではない。神の生命で生かされているのです。又實際肺臓が結核菌に侵《おか》されておっても、必ずしも戦々兢々として絶対安静にしていなければならぬことはない。元来肺臓は絶対安静などしているわけには行かない。肺臓というものがじっとしていたら息が出来ないから吾々は死ぬより仕方がない。吾々が駈歩《かけあし》したら二倍位の速度で肺臓は動くかもしれないけれども、一分間に十八回の速度で呼吸している肺臓がその二倍位の速度で動いたからとて、肺臓の運動速度は血液を振盪《ふる》い出すほどに働くものではないのです。

「中心」という雑誌を出している天理教の常岡一郎さんも結核で血を喀《は》いて、血を喀きながらも講演して歩いている中に肺病が治ってしまったという體験を有《も》っていらっしゃる。吾々の同信でも講演中血を喀いて、「僕はこんなに血を喀いているけれども、平然と諸君の前で話すことが出来る。自分の生命は神から頂いたものであって、肺病から頂いたものではないから肺病に生命をとり上げられる気遣《づか》いはない」と連続講演しておった人もある。それでその人の肺病は治ってしまった。その講演を聴いている人の方が恐ろしくなって、「もうあの人には、気の毒ながら講演に来て貰わぬように」と言って来た事もある。兎も角、絶対安静といっても世間の人は誤解をしている。身體を安静にする事ばかりを考えているが、心の安静は一層必要であります。心に描いた通りに肉體にあらわれて来るというのが法則ですから、心が赤面して羞《はず》かしいと思うと、身體は絶対安静にしていても顔に血が集中して真赤になる。それから考えると、身體を絶対安静にしていても「喀血しやしないか」と心を肺臓に集中して「喀血喀血」と考えて恐れていると、肺臓の部分的充血を来たして喀血を催して来る。身體の絶対安静をさせるために精神の極度の恐怖を来すような言葉を患者に聴かせる人がありますが、かくの如きことは絶対に避けねばならぬのであります。特に易感性の人に対して感情を激動せしむるような言葉は絶対慎しまねばなりません。

感情を激動させれば感情の座である感情體に激動が起ります。感情體は各自の幽體であります。それは受動的のものであります。「お前は肺病だ」と言われたら、「そうか」と素直に受け容れて肺病の形をあらわすところの感情波動の體であります。何でも暗示された通りうつるのです。丁度写真のフィルム見たいに何でも与えられた印象を形にあらわす性質を有っているわけなのです。併しそういう受動的の體だけを吾々は有っているのではなく、吾々は本当に自主的な意志を有っている。「肺病だ」と言われても「何そんなものではない」と打ち消す権利を持っている。ここに初めて吾々は自主的な神の子であり、萬物の靈長だということが出来るのであります。吾々は肺臓が空っぽになっていても肺臓を創《つく》造る力を与えられている。吾々は嘗《かつ》て卵であったが、その時には肺臓なんかなかった。唯「生命力」があっただけだ。「生命力」は肺臓の無いところから肺臓を造り出した。「卵」であったときにさえ、それほどの生命力があった自分が、肺臓を再生せしめ得ない筈はない。

　その力を与えられているのが人間なのです。中には、自分を結核だと診断した医者を怨んだりする人がありますけれども、本当に自主的な人間はすべての責任を自分に帰するのでありますから、他を恨むような事ではならない。吾々は神の子であり、自分自身の主人公でありますから自分自身が選択の主人公なのであります。自分が何を欲するか、何が自分のいのちの幸《さいわい》かという事は、自分自身の選択の圏内にあるのであります。ですから、自分自身に外界から入ろうとする暗示を充分批判して「ああいう病的な印象は自分は断じて受け容れないのだ。そんな馬鹿なことがあるか。萬物の靈長たる人間が結核菌に冒されるなんて、そんな馬鹿な事があるものか」とそういう思想に仍《よ》って、断然心の世界に於いてそういう病的なものを撥《は》ねつけなければならない。先ず心で結核菌に打ち勝って、初めて生理的にも結核菌に打ち勝つことが出来るのです。思想と信仰とに依って先ず撥ねつけなかったら、物質的にも撥ねつける事は出来ないのであります。

いのちの本源を知り、その命に随《したが》え

岩手県の伊藤鉱太郎さんは説明して、「宗教で病気が治るというのはそんな事じゃないのですよ。私は漢口《ハンカオ》作戦の時に支那の土民軍を一千名ばかり指揮して漢口の攻略を完成した。その漢口作戦が終ってから間もなく、土民軍の気が弛《ゆる》んだものか、戦いたくないと思ったものか殆んど皆赤痢《せきり》に罹《かか》って寝てしまった。その時に隊長として私（伊藤鉱太郎さん）は生長の家の誌友なものですから、その部隊を心理作用で激励しようと思い、『みんなわれわれの軍隊は上海に引き上げるから起ち上がれ。動けない者はその儘おれ、放って置くから。動ける者だけ私《わし》に随《つ》いて来い』と命令を下しました。すると、放っておかれたら助からないと思って病気でも何でも皆な起きて随《つ》いて来た。毎時間血便をしている赤痢の重患者が一日十里の行軍をして殆んどみんな治ってしまった。そのうちたった三人だけ死んだ。これがつまり生長の家の精神力で病気が治るというのですよ。病気を治すのではなく、絶體絶命の力で體を超え、普通の生命力を超えた力を出させるのですよ」と言われた。時の陸相板垣征四郎は「生長の家の教えは病気が治るという処さえなければ好い教えだが」と言われていたので、賛成不賛成はわからないがということでありました。生長の家で病気が治るというのは別に呪文を唱えてお禁厭《まじない》をして治すとか、そんな迷信見たいなことではない。自覚の上から、肉體以上の力を出すのであります。

先年私が満洲国の講習会を終わって、朝鮮経由で帰る汽車の中で隣り合わせに座席をしめた将校の方がありましたが、その人から私に話しかけられた。その人は朝鮮師団の副官で阿野田治一《あのだじいち》大尉という方でした。「生長の家の話は名前で知っているが、詳しい事は知らないが」と言われるので、私は「生長の家とは自分の生命が何処より来るかを自覚するところだ。病気治しじゃないのですよ」と言いました。すると阿野田副官は「自分は若いとき悩んで自殺の方法までも考えた。そしていよいよ決行しようという刹那《せつな》になると、そして今捨てようといういのちは一體誰に貰って来たのだ、それをフッと考えた。自分で生まれようと思って出て来たのでないし、神から戴《いただ》いたいのちだ。その神から戴いたいのちを、勝手に捨てるということが出来るものだろうか。それはたしかに間違っておる。神から戴いたいのちが苦しむというのは、何故だろうか。それは神を出さないからではないか。詰り自分の『内にある真心』を出さないからでないか。神というものは外にない。自分の内にある。それが真心だ。その自分の内にあるいのちの真心を出したら、そこからキット喜びの世界というものが現われて来るということを私は気が着いたのです。それからというものは始終真心を出すということの他何事も考えたことがない。そうすると、私のような詰らない者が（と謙遜せられて）軍司令官の副官にまでならせて貰うようになりました。人間の幸福というものは結局真心を出すと出さないとで分れる。自分はまだまだ真心を出すように努力したいと思う」と被仰った。そして「生長の家で病気が治るというのはどういうことですか」と問われた。そこで私は阿野田副官の真心に打たれながら、「そうですか、それが生長の家の生き方というものですよ。そういう真心の生活を始められて以来、あなたは病気になど一遍もお罹《かか》りにならないでしょう」と訊きますと、「一度も病気に罹ったことはありません。支那事変のとき南支作戦に参加いたしておりましたら、一寸マラリヤに罹ったような気持ちで高熱のように感じました。併し攻略の真最中でしたので、そのまま押し切って奮戦しました。するとその攻略戦を終わった頃にはもうすっかり健康で、結局、病気している暇がなかった訳です」と副官は答えられる。「その心境に日常生活を置くようにするのが生長の家なのですよ」と私は説明したのでありました。

第十三章　幸福・平和・健康の鍵

病気否定の哲学的理論

生命の實相哲学は宇宙はこの儘「神の国」であり、人間本来神の子であって、生老病死無しということであります。これが神想観で悟れるところの真理であって理屈ではないのであります。何故そうであるかの理論は、『生命の實相』全二十巻約九千頁という尨大《ぼうだい》な書冊に亘《わた》って書いて居りますけれども、それは理屈を言う人の理屈を摧破《さいは》せんが為に書いてあるのでありまして、人間本来神の子であって生老病死なしということは、理屈があって初めて結論が出来たような理論によって辛うじて支えられているような第二次的真理ではないのであります。人間は本来どんな理屈が成り立とうとも成り立たなくとも神の子なのであります。そして神の子が「神の国」に生活しているのであります。

扨《さ》て人間は神の子であるとしますと、神は完全でありますから、その完全なる神の子たる者に病気は存在しないし不幸も存在しないのであります。その存在しないそれらを研究しても「實在の生命」のことは解らないのであります。陰影《かげ》を研究しても光は判らないのであります。本来健全であるべき人間に病気が現われるのは心的象徴として現われるのであって夢のようなものである。實際夢というものは分析して見ても、望遠鏡で覗いて見ても、顕微鏡に掛けて見ても、あらゆる方面から研究して見ましても、夢の中ではハッキリ確實性をもって體験出来ますが、覚めた上で夢の中で見た事實はこんなものだという事は分らないのであります。夢の中で見た事物はただそんな影が想念の作用で顕われているだけであります。完全なるべき神の子が、不完全なる病気に罹るという事は有り得べからざる矛盾であります。無い筈の「矛盾的存在」である病気が何故起るか。それは華厳経に書いてあるように、「心は工《たくみ》なる絵師の如く種々の五蘊《うん》を描き、法として作らざることなし」であるからであります。ここに謂《い》う「法」というのは諸種の現象のことであります。

心が病菌を消化して「無」にまで還元し、また心が病菌を現實に存続せしめる例としては、いつでしたか慶応の医学部と千葉の医学部と論争したという事が新聞に出て居りました。どんなことかというと、赤痢菌は鼠《ねずみ》の胃腸の中で消化してしまうから、赤痢菌の附着した食物を鼠に食わしても、實験上鼠の胃腸の中では消化してしまって、糞便へ出ないと一方の医学部では主張し、他方の医学部では、いやそうではない。赤痢菌を鼠に食わせて實験して見ると、やはり生きた赤痢菌が出たから鼠の糞便は赤痢菌を媒介すると主張した。そこで両々相譲らないで、新聞で論争を発表して居ったのでありますが、結局どちらの学説が勝ったということもなくって、有耶無耶《うやむや》に終わったのでありますが、それはどちらも實験上の事實であるから勝敗はない筈であります。或る鼠に赤痢菌を食わしても消化してしまったということも事實であれば、又そうでない反対の現象が現われたのも事實だったのであります。

結局現象は巨視的な大きな物體を取り扱う場合は別として、精神波動や、微妙な電磁気波動に感ずるような微視的存在を取り扱う場合には、異なる實験者が實験室にいるということが、既に實験条件が変化していることになるのですから、或る時には赤痢菌が消え、或る時には赤痢菌が現われても一向不思議はないのです。一方の大学でやったら何回やっても赤痢菌が出ないし、一方の大学でやったら何回やっても赤痢菌が出たというのは、實験者の精神波動とか、生理的に起る電磁的波動が異なるからであり、その異なる状態が条件の相違を来して、實験の結果を変化してしまうのであります。或る機会に一方の大学の微生物学者が、鼠に赤痢菌を食わして實験して見た。すると赤痢菌は消化して糞便に出なかった。それに自信を得て「菌は出ない」という信念を以て實驗していると、幾ら實驗しても毎回菌が出ない。この實驗に反して他の大学では偶々《たまたま》、鼠に赤痢菌を食わして實驗したらその糞便から菌が出て来た。その事實により「赤痢菌は鼠の腸内では消化しない」と信じてかかって實驗するから、結局、その通りに信念が具象化して幾回實驗しても同一結果を得る。實驗者自身の精神波動の放射が一つの条件となって、實驗の結果を左右するものだということを知らねばなりません。砂糖過食に対する骨質の軟化の實驗でもそうでありまして、東京の栄養研究所の藤巻良知《ふじまきりょうち》博士の家兎《かと》の實驗に於いては砂糖は過食しても、ただ食慾を減退して衰弱するだけで、骨質は軟化しなかった。これに反して、大阪医大の片瀬淡教授の家兎《モルモット》に於ける實驗では砂糖の過食は家兎の骨質を軽石のように粗鬆《そしょう》ならしめ、飴《あめ》のように鋏《はさみ》で自由に切れるように軟化したのであります。同一實驗でも實驗者の信念が相異すると、全然反対の結果を得る――即ち實驗者自身の精神状態が、結果を生ずる一つの条件となっているのでありまして、今後の細菌学的研究や、臨床医学的研究には、是非ともこの種の精神的要素を無視してはならないのであります。生産拡充の為の精神的要素研究の著書『伸びる産業の道』の中には大和《やまと》村のラミーについた毛虫が畠の持ち主の精神波動の変化で消滅した例が掲げてある。毛虫でも黴《ばい》菌《きん》でも人間の精神力に感じて消えたり消えなかったりすることはコレラ菌発見当初に於いてペッテンコーフェルがコレラ菌が純粋培養を多量に嚥下《えんか》しても、ただ一寸下痢しただけでコレラに罹らなかった逸話でも明らかである。そこで人間の健康、延《ひ》いては国民體位の向上には、人間の人生観(信念)の変化が必要だ。宇宙の一切のものは調和しているのであって、大和村の農人のように神の創造《つく》り給いしこの世界にはラミーを嚙《か》むような、そんな毛虫はいないのだと大信念を持つことが必要である。この大信念を有ってこそ、そういう害虫を堂々と自信を以て駆除することが出来るのであって、本来無い害虫が、仮りに姿を現わしているのであるから、それを幾ら駆除殲滅《せんめつ》しても殺生にはならないのであります。そんなものは「宇宙永遠の秩序」に於いては、「本来無い」。本来無い害虫だから、幾ら殲滅しても、殺生でも、残酷でも、不道徳でもない。併しその不良なる害虫や黴菌やを殲滅する場合に、それを「アル」として取り扱い「實在する」と信じてかかると、その「害虫」なり「黴菌」なりの存在を、こちらの精神波動で支持してやることになるから、或る医学部で「赤痢菌は鼠の糞便中に必ずアル」と信じて實験した場合、赤痢菌がいつまでも消えなかったように、それを消滅せしむることが難かしい。だから「害悪者」を殲滅する場合には、「それは存在するように見えているけれども本来無いのだ。無いから消滅せしむるのは残酷な所為ではない」と固く信じてそれに働きかけるとき、容易にその害悪者を殲滅せしむることが出来るのです。「現象界は唯信念の影を見るに過ぎず」と『甘露の法雨』にありますが、感覚的世界は吾々の信念を具象化して形に現わして見ているのですから、「悪」なり「敵」なり「黴菌」なりに攻撃を加える場合には、その存在を信念の上で強く否定してかかることが必要であります。

心機一転の生理的影響

子供を育てる場合にしましても、家《うち》の子供は病弱だ病弱だと、両親が固く信じていますと病弱な子供になってしまうのです。これは私自身子供を育てた経験と、他の多くの人を指導してその児童を強健化せしめた實例で明らかであります。親が「うちの子供は虚弱だ」と信じている間じゅう、その子供が虚弱だということには間違いないのであります。子供は親の精神波動を受け易く、親の信じている通りになるものであります。或る機会に親の心境がぐらりと変って「自家《うち》の子供は虚弱ではないのだ。健康なんだ。神の造りたまいし子に不健康者はない」と信ずるようになりますと、子供の體格が目立ってよくなって来ます。夜通し徹夜して勉強しながら却って益々體量が殖え、尚一層健康化して来る實例もあります。信念は狂的になると一層高潮いたしますから、躁狂《そうきょう》というような精神状態になりますと、数ヵ月或いは数年間も、眠らないでも、眠らない期間の方が眠る期間よりも健康になる例があります。要するに信じた通りに現われるのが、現象の世界であります。

そういう風に医学的實験でも、児童教育の實験でも、その實験している医者又は両親（又は教育者）の信念の如何によって、非常に異なる結果を来すのでありましてその信念の程度に随って客観界を支配するのであります。だから實験者の精神雰囲気が微妙に影響を蒙《こうむ》る様な微視的世界の實験や、医者の精神をデリケートに感ずる患者の實験に於いては精神的要素を無視しては純粋に科学的真理を導き出して来ることは出来ないのです。理学博士竹内時男氏が或る放射能の實験法の特許を得たのを他の理学者たちの實験に於いて同一結果が得られず、到頭竹内時男博士はその特許を学者的慎重さで取り下げたという話も、そういう電子の如き微視的世界の存在は實験者の精神状態の影響を受ける為に、常に必ずしも同一結果が得られないということに起因すると思われるのであります。そういう微視的存在物は信念が変化すれば自由に変って来るものです。而も人間の生理作用は一種の電気的流れを伴っている。即ち微視的世界の電子存在の如何によって、健不健が変化する。結核治療の指標となっている赤沈反応は明らかに血球の帯電量に関係している。帯電とは遊離電子を帯びる事であり、遊離電子は實験者の精神状態で変化する。だから医者が、結核患者に、「これは治るかどうか知らぬ。治る薬は現在ないのだ」などと言って恐怖せしめて置けば、赤沈速度は急増する。治病には患者から恐怖を取り除き、精神を安静にしなければならぬ。いくら、患者の精神を安静にせしめようと思っても「肉體を蝕《むしば》む病気が本来ある」と思っている限りは恐れるほかはない。そこで恐怖心を除り去る為には、般若心経のように「色即是空だ。五蘊皆空《うんかいくう》。眼耳鼻舌身《げんにびぜっしん》も無しだ。老死も無しだ」と自覚せしめたら恐怖心が無くなる。この無恐怖の状態になったのが、阿耨多羅三藐三菩提《あのくたらさんみゃくさんぼだい》即ち佛の悟りを得たのであって、生長の家で「物質無し」と言っているのは、この「色即是空」即ち「色」(物質)は空なるものであるという事であり、又「肉體なし」と言っているのは、「眼耳鼻舌身無し」と般若心経に言っていることに当る。また「病気本来無し」と言っているのは、般若心経に「老死なし」と言っていることに当るのであります。昔から般若心経には功徳があって読誦《どくじゅ》すると病気が治ることがあると言われ、真言宗その他のお加持《かじ》にそれを読んで病気が治った例もある。「何故そんなことが出来るのだろう。不思議なこともあるものだ」と思っていましたが、今から考えて見ると不思議でも何でもない。それは「物質なし」「肉體なし」「老死なし」の真理が説いてあるから、その潜在意識的理解によって、心が平静になり赤沈反応にも影響を来して健康になることが判ったので、これは全く科学的なことだと思われるようになったのであります。『生命の實相』を読んで心機一転した人に病気が治る事實が無数にあるのも、心機一転の精神作用が生理作用に影響を与える結果だと思われるのであります。

實在は全て完全なり

何よりも心の平和に到達するには「ここがこの儘實相の世界である」と知ることであります。そして、此処《ここ》即ち實相世界は、既に無限の智慧、愛、生命、供給が充満している大調和の世界であると知ることであります。じっと眼を瞑《つむ》ってそう考えて見て下さい。瞑想して見て下さい。この素晴しい實相の世界――これのみ實在の世界なのであります。これのみが本当にある世界なのであります。そういう風に、繰り返し繰り返し眼を瞑って暫くじっと考えて見て下さい。これが簡単な最初の神想觀であります。病気や不幸は考えないで好いのです。そんなものは考えれば考えるほど不快になり、恐怖心が起り、精神が動揺し、血液中には毒素が生じ、赤沈反応を増悪するばかりです。何故、此処がこの儘神の造りたまえる實相世界で、神の無限の智慧、無限の愛、無限の生命、無限の供給が満ちている世界であるかということは理屈ではありません。それは、「神は本来完全である」という絶対實在の絶対認識から出発しているのでありまして、こういう事實がある、こういう資料があるからそれから観れば神は完全であると結論せざるを得ない——というような、第二、第三の推論から来るのではありません。神は完全であるから、完全なのであって、それには理論も理屈もない。その神の創造《つく》り給いし世界は完全であり、悪はない。随って病気は無い。（五官的に見えていても、それはアラワレであって、實在ではない）というのは絶対實在の實在認識であって、別にそのほかに仔細はない。証拠を求める人には「果實を見て、その樹の善悪を知れ」でありまして、この信念を持った多くの人が病気から起ち上り、人生が幸福になり、凡ゆる職務にも異常な活躍をなし、激務に於いても疲れず、病気欠勤せず、異状な生産成績を挙げているのを見られたいのであります。（拙者『榮える原理』参照）

「何故神は完全であるのか」——知識階級の人からよくこういう質問は出るのでありますが「何故」はないのであります。「何故」ということに依って初めてその「完全」さが証明されるものだったら、それは既に完全ではないのであります。何故ならば、それは他に依って証明されなければ完全さを主張するということが出来ないものであるということになるからであります。かくの如き完全さなら自ら単《ひと》りで立つものではない。自立するものでないから、随って完全ではないということになるのであります。神が他の証明に依って斯《か》く証言あるが故に完全であると言われるのであったならば、それは本当に完全なりとは言い得ないのであります。そういう他の証明を俟《ま》たずして、神はそれ自身自ら完全である。そこで初めて神は完全であると言い得るのであります。

ですから神が完全であるということは實在の第一原理であり、何故という他の原理があって、それから結論されたものではないという事を知って頂きたいのであります。この根本原理の肯定が、人間が「幸福の国」に入る最初の扉であります。理屈はない、ただ「神は完全である」それだけであります。では、それはどうして分るか？　その「どうして」はないのです。「どうして」と疑う自分もない。これは心経の「受想行識《じゅそうぎょうしき》も無し」とか、「眼耳鼻舌身意無し」のうちの「意も無し」に当ります。吾々の自分の内に神があって、そして自分の内なる神が自ら証するのであります。而《しか》して曰《いわ》く神は「完全である」と。而して神の生命に生かされている自分も今既に完全である、幸福である、無限力である、健康である。それだけのことなのです。自ら証するのであって「どうして分るか」という、そのどうしてということがないのです。「神はこういう性質もあるし、ああいう性質もあるし、だからして完全だ」というような理屈ではないのであって、神様はそのまま既に完全であるということを、吾々は絶対實在の絶対認識（という言葉を哲学的に説明する場合には使いますが）によって、そのまま自分の内に宿る「生命そのもの」が、神と神の子たる自分の完全なることを証しするのであります。

こう言いましても、神が完全であるという証拠を、材料を集めて証明することは出来ないことはないのであります。例えば、あの樹の葉一枚を見ましても、そこに神のいのちが生きている。あの葉脈の不可思議なる精妙なる構造――到底人間はあの一枚の樹の葉すら斯《か》くの如く妙に製造する事は出来ない。或いは指先のちょっとした皮膚の形を見ても、その皮膚の一片も人間中の最も偉大なる生理学者や医学者でも拵えることは出来ない。それなのに、大自然即ち神はこんなに旨くこれらのものを造っていられる。神の力というものはこのように偉大なものだ――という風に、既に造られたる生命の反影なる方面を、材料に蒐《あつ》めて来て証明の資料にすることも出来るのでありますけれども、それは絶対實在の完全さを絶対認識した上で、人にそれを知らせるための対機説法でありまして、そんな五官の材料に拠《よ》らなければ本当の神の完全さをそのまま把むことの出来ない程度の人々をして絶対實在の絶対認識にまで近づけてゆくための便宜の説明に過ぎないのであります。如何に材料を蒐《あつ》めて説明致しましても、最後はどうしても飛躍して實在の完全把握にまで跳び上らなければ、實在の完全さは判らないのです。五官的世界は、實相世界の反影であり、その上に迷いや妄念の雲が煙幕を張っていますから、そんな影を幾ら探して行っても本ものを把むことは甚《はなは》だ難しいのです。併しながら或る程度までは影を見れば、本ものはどんな姿をしているか類推出来ないこともない。皆さんの影でも、影に頭があって胴があって手が附いていると、ああやはり本物の人間というものも、頭があって手があって胴體があって脚があって歩いているものだというようにわかる。併し影をいくら見て居っても「本物の人間」の立體的な生命的な生き生きしさは分りはしないのです。「影と言うものは黒いから、本物の人間というものもあんなに黒いものだろう。影は厚みがないから、本当の人間も厚みがないだろう」などと時々とんでもない間違いをする。だから現象界の人間を見て、本当にある「實相の人間」がやはり病み悩み傷つきなどする、そんな肉體的なものだと思うと間違いです。實相を知るには五官の眼を瞑《と》じて、實在の認識にまで飛躍しなければならないのです。理屈や五官の材料によって影をぐるぐる廻って居った今までの立場から飛躍して一躍超入、本物を把まなくては本物の相は分らないのであります。結局は絶対實在の絶対認識であって、五官にどんな不完全なものが見えようとも、五官の眼を瞑じて、「本当にあるもの」を「本当にあるところの自分の生命」でぴたりと把むのであります。そこで「神は完全だ」とパッと判る。何か他の材料に依って結論して「神は完全だ」と言っているのであったら、その神の完全さというものは、もし反対論者が他の材料をもって来て、「ここに神の不完全な証拠がある」というように言われたらたじたじとしてしまうでありましょう。こういうことでは不壊《ふえ》の堅信とはいうことが出来ません。色々な材料を集めて結論をしたものであったら、他の反対材料が集まれば摧《くだ》けてしまうのです。ですから、そんな材料に依って神は完全であるという程度の信仰では、その信仰は本当に崩れない巖《いわお》の上に立った信仰とはいうことが出来ない訳であります。真に巖の上に立った信仰というものは、五官の材料を寄せ集めたものではないのであって、五官的材料がいくらその反対を証明して来ようとも、「神は完全である」と、断乎として確信し得るような絶対實在の絶対認識を得ていなければ、本当に神を把握したものではないと言わねばならないのであります。

第十四章　深切ということ

何がなくとも深切が出来る

　何がなくとも吾々は人に深切が出来るものだということを話したいと思うのであります。誰でも人は誰かを助けてやりたい、他《ひと》に好いものを与えたいと思うのではありますが、さて深切をしようと思うとどうにも出来にくい。別に自分は金持ちでもないし、豊富に物を持っている訳でもないから人を助けることは出来ない――こういうように考え勝ちであります。でも、本当の深切はそんなものではないのでありまして、吾々は何がなくても、真心さえあればそのまま素直に放り出した時にそこに深切が出来るのであります。深切とは「深く切な」と書いてある。深く切なるものを自分の底から出して来るのが深切であって、必ずしも物質的に余分に余っているものを人に差し上げるのが深切ではない。自分のいのちの中に深く切にあるところのその「本物」を献げさせて頂くのが深切なのです。決して自分の持ち物の余り物だから、金持ちで物持ちで、これだけ要らんから上げるというのであったら、それは表面《うわつら》の行であって深切ではない。深切とは本当に魂の底深くある、いのちの中に深く切にあるところの尊いものを捧げるのであってこそ「深切」だということが出来るのであります。ですから皆さんも人に深切をするということは、魂さえあったら、生命さえあったら、与えるべき何物も持たなくとも「深切」が出来るわけであります。『生命の實相』の生活篇のところに書いて置いたと思いますが、キリスト教でえらい人に本間俊《ほんましゅん》平《べい》という人があった。この本間俊平という人はキリスト教の中では一番生長の家に近い思想を有っていらっしゃった人であります。――人間はすべて神の子であるという思想であります。「悪はない。悪人という風に見えているものは本来ないのだ」というような思想を有っていらっしゃいまして、泥棒を信じて金庫番人にしておいたらそれが直ってしまったという實に偉い體験を持っていらっしゃる。本来泥棒はないのだから、本当にその人を善人であると観て、その實相を直視して金庫番をさしたら直ってしまったのであります。

本間俊平さんほど偉いかどうか知りませんが、生長の家の誌友の中にはそれと同じような話が時々體験談に出ます。嘗《かつ》て高野山の講習会がありましたとき、あの講習会にお出でになった方は、この席にもいられるから、お聴きになったと思いますが、福山の小学校の先生で、菅沼駿《すがぬますすむ》という人が體験談を被仰った。この人は古くからの生長の家の誌友でキリストみたいな人である。今までにも色盲の子供を治したり、低能児をよくしたり、不良児童、厄介者、始末に負えない手癖の悪いような子供を、たくさん良くしていらっしゃいますが、そのやり方は別にどうもしない。唯その手癖の悪い子供を、心から――心の奥底から、手癖の悪くない子供として扱うだけの事であります。或る時その子供にお金持たせて「あんたこれ、このお金をあの先生に持って往って下さい」そんな事を手癖の悪い子供に平気で言い付けられたわけです。又或る時には、その手癖の悪い子供にお金を持たして、そして「何々を買って下さい」と言われる。少しも疑うところががない。すると、ちゃんと釣銭《つりせん》が当り前に来るし、渡すべき相手に渡すべき物が素直に行くのでありません。菅沼さんの前に行ったら、手癖の悪い子供が自然に手癖が悪くなってしまう。これが生長の家の實相を観る、という生き方であります。生長の家は宗教だとか、奇蹟だとかいうけれども、拝み倒したり御賽銭《ごさいせん》で御利益が出て来るのではない。深切を實践するところからこのような奇蹟が出て来るのであります。「お前手癖が悪いから、これから心得なければならぬぞ」――そんな事を言って叱り附けて、それで相手が善くなると思ったら手癖が余計悪くなります。所が菅沼先生の学校では「悪人はない」という生長の家の教えをそのまま素直に信じて、そしてそれを實践していらっしゃるのであります。そこが偉いのであります。生長の家の教えは『生命の實相』全二十巻——に無数の實例と理論とがあって尨大なものでありますけれども、根本を言ったらそんなに難しい事でも何でもない。唯素直にこの真理を行ずるところに奇蹟があらわれて来る。「手癖の悪い子供なんてないのだ」という神様の啓示を素直に信ずる。そしてそのまま彼を善人として信頼し禮拝してお金を持たせたら、そのまま善人の子供になってしまったわけなのです。

工人は神の御業を實現する

先刻《さっき》申しました立派な體験を沢山お持ちの本間俊平先生は喋るのが商売ではない。山口県の秋《あき》芳《よし》という所に大理石の鉱山を有《も》っていらっしゃって、鉱山の鉱夫と一緒に自分で大理石を掘っていらしったのであります。人間は口先きばかり、筆先きばかりでは駄目であります。行の出来る人でなければなりません。行といっても難行苦行ではありません。当り前の仕事が当り前に出来なければなりません。本間さんは、働くことは神様のいのちをそこに現わすことである、ということを知っているので、誰に雇われているということもなく働いていらっしゃるのであります。

雇うとか雇われるとかいうことではない。譬《たと》えば工人はそこに神の御業を實現する尊き天の使いであります。工人とか職工とか言いますと、軽蔑されたような感じを抱く人があるかもしれませぬけれども、或いは本間さんのように大理石を掘るのは、石工《いしく》だなんていわれて余り名誉にもならぬように思うかもしれませんけれども、この考えは改めなければならぬと思うのであります。要するに、工人は、自分の仕事を、神の御業を人間を通して實現する仕事だとしてその尊さを知らねばなりません。要するに、工人は神の御業を實現する天の使いであります。働きというものは雇われたからするの、金をくれるからするの、というものではありません。もっと深いところから、切なるこころでなされるのが真の奉仕であります。奉仕には深切ということが必要なのであります。

本間俊平さんは或る時、どこか山陰地方に旅をしておられた。雨がざんざと降っておった。その時は明治の初めに近い古い時代の事ですけれども、「自分は無一物で着のみ着のまま、他に何にも有《も》っていない。そんなに何にも持っていない時でも人に深切が出来るであろうか」こう本間俊平さんは考えたのであります。先ず無一物でも人に深切をやって見よう――こうお考えになりました。そのとき、雨が降っていました。山路や田舎道を歩いていますと、あちらに草鞋《わらじ》が鼻緒が切れて脱ぎ放してある、こちらに草鞋の鼻緒が切れて脱ぎ放してあるというのを見着けたのであります。草鞋というものは一足揃《そろ》って一遍に鼻緒が切れる訳のものではない。片方が切れても片方はまだ履《は》けるわけですが、片ちんばでは歩けないから両方とも脱ぎ捨ててある。本間さんはその片方の履ける草鞋を合掌して拾い、それを戴いて肩に担《かつ》いで歩いて行かれた。又向うに行くと片方だけ草鞋が切れて捨ててあるから、その片方のまだ履ける草鞋を拾ってそれを担いで次に行く。そうして歩いて行く内に、その片方だけの草鞋があつまって、十足、二十足、と貯ってまいりました。片方だけじゃ役に立たない草鞋も、十足、二十足と貯って来ますと、役に立ちます。世の中に無駄なものは一つもない。そうするとそんなに草鞋が切れて捨てて行く人がある位だから、途中で又草鞋が切れて困っている人もあるわけです。そんな人に無代で「どうぞこの草鞋をお使い下さい」と言って上げて大変喜ばれた。人に深切というのはそういう魂の底深い所から出て来るのです。

深切とは内在の生命を拝み行ずること

深切というのは人に対することだけではない。人に物に事に一切のものの奥底深くあるところの生命を拝み、行じて生かすのが「深切」であります。吾々は生かし得るところの神のいのち、天の賜物を知らずに殺している事が随分あるのであります。それを大変私は残念に思うのであります。一枚の紙切れでも、或いは一本の糸屑《いとくず》でも、それを皆さんが生かしてお使いになりましたならば、それは非常な力になるのであります。いつでしたか、皆さんはお聞きになったかもしれませんが、尾道の生長の家誌友、木原しづまさんが本部道場へ来て一枚の紙の尊さのお話をなさいました事があります。その頃木原しづまさんは諸方に招かれて講演していらっしゃった。そうすると講演の最中に洟汁《はなじる》が出て来たのであります。木原さんは少々風邪を引いておられた。流れて来る洟をかもうと思ったけれども、ハンカチもなし紙もない。そこへくしゃみが出て来たから、洟汁がみぐるしく鼻の下一ぱいにぶらさがった。紋附《もんつき》の羽織《はおり》、絹の着物、繻絆《じゅばん》の袖《そで》で拭く訳にも行かないし、洟汁垂れたままで講演する訳にも行かない。木原さんは困った。そうすると、聴衆の中から数枚の紙を持って演壇に近づいて来た人が「先生、差し上げましょう」と言ってその数枚の紙を差し出された。その時に木原しづまさんは一枚の紙がどんなに有難いかということが分ったと言われました。吾々は平常困らないときには、有難いものの充満している中にいて、その有難さを忘れていることがあります。心の目を開いて、物の實相が、「神のめぐみ」と「衆生の御恩」で満ちていることがわかるのが、これが、物に対して深切ということであります。物に深切であるためには行き届いて「物」を用意する心掛けが必要であります。木原さんが演壇で困られたのは一枚の紙を用意していなかったからであります。用意のあるところに困ることはない。須《すべか》らく吾々はいつでも物事に即応し得るように用意して置かなければならない。何事が起っても、それがちゃんと、生きた人間の神経が通って、一糸みだれず人體の手足が動くように、整然と何事も準備できているのでなければならないのです。この事は木原しづまさんの一枚の鼻紙の例でも分るのであります。それは洟汁を垂れましても、見苦しいには違いありませんけれども、決して死にはしないし、火事にもなりはしないのであります。人に対して迷惑もかからない。自分だけ恥ずかしさを忍んだらそれでいいのですけれども、それでも一枚の紙でも用意して置いたなら、そういう恥ずかしい思いをせずに済むのであります。そうすると吾々は何事でも深切に行き届いて用意するということが非常に重大なことであります。いつも用意して、そしてどんな時でもまごつかないようにしなければならない。と言ってもいつ洟汁が出て来るかもしれない、と紙を持って演壇で待ちかまえてばかりいて、講演しないでいたら、それは寧ろ滑稽《こっけい》であります。用意はして置いて、心はいつもカラリと晴れた空のように一塵《じん》もとどめないのでなければならぬのです。何でも行き届いて用意しておくということ、これが宗教的精神であると同時に、科学的精神なのです。凡ての細部に行き届いて、隙間がないのが科学的精神であります。そういう隙間のない智慧に依って日常生活が導かれて行くようになることが文化であります。そういう隙間のない智慧というものがこれまで日本人にはあまり養成されていなかった。これからは何でも深切に行き届いてする習慣を養わねばなりません。

深切はどんな資産にもまさる大きな資産なのです。深切はすべてのものに行き届いた智慧をもたらします。深切のない仕事は、一寸見て綺麗に出来ていましても、きっと何処かに抜けたところがあってその欠陥を暴露するものです。深切の別名は愛であります。愛は萬物に生命を吹き込み、萬人に悦びをあたえます。愛のないところに希望はありません。希望のないところに生き甲斐はありません。その愛と希望とは深切を行ずるところから出て来るのであります。

深切とは行き届くこと

この様に深切ということは何に対しても大切であります。捩子《ねじ》一本が弛《ゆる》んでいるために飛行機が空中分解して飛んでしまうこともあります。捩子一本ということが非常に大切な事です。もし本当に深く切なる心で機構を整備して置いたならばこんな不始末は起らない。

私が会社におりました時分に、その頃書物を出版しておりましたが、「校正恐るべし」という格言のもじったものが出た位でした。校正というと印刷の活字を訂正するのですが、校正の「校」はかんがえるという字です。この文字はこの場所で使う字であるか、使う字でなかろうかと、校《かんが》え正《ただ》すことをいうわけですが、この校正が大変恐ろしい。人間一生の運命を左右することになります。先日通俗医学の雑誌に・〇五瓦《グラム》とあるところを、〇・五瓦《グラム》と小数点をただ一つ下に打った為に、その薬の致死量になっている事があると書いてありましたが、印刷は一つの点でも人の命を奪う。その私の会社に私の前におった翻訳係は自分の翻訳した文章の「弊社」とあるべきところに、紙幣の「幣」という活字が一字間違って入っておったために馘《くび》になった。たった一字です。よく似ておる活字です。一寸眼の悪い人だったら同じに見えるのですけれども、「弊社」とあるべきところが「幣社」と活字がなっておったのであります。そうしますと、社員中の徒《いたず》ら者が、西洋人の総支配人に手紙を書いたのです。「弊社は油の会社であるのに、この文章には幣社と書いてある。『幣』とは紙幣の『幣』であるから幣社とは紙の会社であるという事になっている」こんな意味の悪口を西洋人の支配人のところへ投書したのです。西洋人はびっくりしたのです。「自分の会社は油の会社であるのに紙幣の会社とは何事だ。そんな油と紙とを間違えて書くような翻訳係は置いておくわけに行かない」というので、早速馘《くび》になってしまったのであります。その後に私は入社して、八年間校正というものに専念して来ました。或るときは、それは生長の家の出来る前ですが、大変頭を使って、神経衰弱みたいなことになったこともあります。振仮名つきの活字の校正をするのは中々難かしいのです。宮本武蔵のように両方へ眼をくばらなければならない。活字の振仮名を注目して見ていると、漢字の間違いが眼につかない。漢字だけを見ていると振仮名の間違いを見落してしまうのです。振仮名と漢字とを一緒に同時に見て行くのにには余程の修練を必要とするわけであります。敵一人と戦うのでなしに、宮本武蔵の両刀のように、一方には漢字を見、一方には振仮名を見て、そしてその間違いを同時に発見しなければならない。而も自分の書いた文章である場合には何を書いたかその意味内容を知っているものですから、字が間違っておってもスラスラと潜在意識で当り前に読んで行って、何遍読んでも意味が分っているものですから、そのまま正しく読んで行って活字の間違いを訂正出来ないことがあるのです。校正ですら、完全にやるにはこれほど骨の折れるものでありまして、何事でも間違いなく成し遂げるにはよくよく行き届くということがなかったら出来ないのであります。

人間はそういう風によく行き届くことが必要です。よく行き届くのは深切の行です。行き届かなかったならば、折角深切にやっているような積りでも、それは深切ではない。詰り深く切なるところが出なくてはいかぬのですね。深く切なる——深切というのは「親しい」という字でなしに「深い」という字です。シンシア（Sincere）という字が英語にありますが、シンセツと発音までも似ていますが、（Sink）シンクなどと自然発声音が同じである。Sink は底深く沈んで行くことです。深切とは真心籠《こ》めてというような意味ですね。真心の奥底深くから切に出て来るのがこれが深切であります。真心の底深くから切々と出て来たものでなければ本当に値打ちがないのであります。

或る四国遍路の話

或る信仰深い人が四国遍路の旅をつづけておりますと、その参拝する札所と札所との間が何里も離れておるところへ来ました。一つの札所を通って、それから次の札所へ参ろうとして歩いているうちに、もう日が暮れてしまった。次の人家のあるところまで出るのに、まだ数里も歩かねばならない困ったことだと思っていると、一軒村外れに家が見えている。隣りには家も何もない一軒家であります。「どうぞお泊め下さい」と言ってお願い申し上げましたら「済みませんけれども、お泊めするわけに参りません」こう言って断られたのであります。仕方がないから、その人はトボトボ歩き出したのでありますが、二十間位歩いてその人はフト思い附いたのでありま す。「私がこんなに泊めて戴こうと思ったのが泊めて戴けないのは何故だろうか。それはあの家が貧しいのだ。物質に貧しくして蒲団がないとか蚊張《かや》がないとかいうのかもしれない――或いはそんな四国遍路など泊めてやるものか、と人を軽蔑するような心で泊めなかったかもしれない――併しそういう場合にはあの人の心が貧しいのだ。いずれにせよ、物か、心かどちらかが貧しいのだ。ああ気の毒だ」と気が着いたのであります。『智慧の言葉』には「軽蔑する心だけが軽蔑さるべきである」というようなことが書かれていたと思います。兎も角観られる世界は観る人の心の世界でありますから、軽蔑すべきものを見出すような人は軽蔑さるべきような貧しさが自分の中にあるからであります。

さっき言いました福山小学校の菅沼駿《すがぬますすむ》先生が、盗癖のある子供に対してお金を持たせて使いにやらせて少しも間違いが起らないというのは、菅沼先生の心で観ると、軽蔑さるべき子供や盗癖のある子供みたいなものは存在しないのだ、キット立派な子供だ――こう観ていらっしゃるから、そういう風にその子供がよくなるのであります。ですから、もしか巡禮を輕蔑しているというのであったならば、その人の心が貧しいのでありますから、いずれにしても氣の毒な狀態であります。そこでその遍路者はその家の方を向いて合掌したのであります。「どうぞあの家の人達が氣の毒な狀態から脱することが出來ますように……」と、眞心を籠めて祈って、合掌して暫くじっと拜んでおられたのであります。合掌の心、拜んでいる姿というものは隨分偉大な働きをするものであります。遍路者がじっと拜んでから其處を立ち去ろうとしますと、先刻《さっき》まで「泊めてやらぬ」と言っておった人が追っかけて來て、「巡禮さん、どうぞお泊り下さい」と言うのです。「實は貴方がどうされるかと思って覗いておったのですが、そしたら泊めても差し上げませぬのにじっと私の家の方を向いて合掌して拜んでいられました。その敬虔な有樣を見ておりましたら、今まで泊めてやらないと言ったことが申し訳ないような氣持ちになって、此處へ駈けつけて來たのです。兎も角、さっきは洵《まこと》に申し訳のない事を申しました。どうぞお泊り下さいませ」こう言いますので、その巡禮の人は引き帰して參りました。家の人が深切に蒲団敷いて蚊張吊《かやつ》ってくれるものですからその中で寢たのです。巡禮のことですから隨分歩きますので、體も草臥《くたび》れているからぐっすり寢たのです。そして、夜半にフト目が明いたらその家の人は寢ていないので、何かボソボソ話しながら起きておるのです。バサバサ団扇《うちわ》で煽《あお》ぐような音がします。何事だろう。「何か起ったのですか」「何も起らないから、どうぞお寝《やす》みなさい」「だって、何かしていらっしゃるじゃありませんか。何か用事があったら、私にも手伝わして下さい」「實は蚊が来るものですから起きておるのです」「あなた達お寝みにならないのですか」「いや、夜具も蚊張も家には一人前しかないものですから……だから最初あなたにお泊り願うことをお断りしたのでした。けれども、あなたが私の家に向って拝んでいらっしゃったあの姿を見た時に、私は泊めずにいられなくなったのでございます」と言うのです。どんなに敵意を抱いているものでも調和せしめ、好意を持たしめ、泊めずにいられなくならしめる力というものが、これが合掌の力であります。どの先生でしたか忘れましたけれども、或る日光明寮の先生の家に盗坊《どろぼう》が這入ろうとしたのです。丁度その時先生は神想観をして合掌して拝んでいらっしゃったのです。すると盗坊さんは一寸覗いて見て、とうとうその敬虔な姿に打たれて這入れなかった。そして其処は止めて、どこか近所に盗賊に入ってとうとう捕まって、その時のことを白状したという話を聞いたことがありますが、合掌して拝んでいる姿というものは恐しく力があるもので、それは深切が現われているからです。深切とは真心の深く切なるところから出て来るものであります。この深く切なるところから真心が飛び出して来た時には實際力が強いのであります。凡ての大業もこの深切から湧き出して来た力であるとき本当に成就するのであります。

身に徳をつける為施浴せよ

京都嵯峨《さが》の天龍寺《てんりゆうじ》の貫主《かんす》に関精拙《せきせいせつ》という偉い坊さんがあります。その人の先生に龍淵和尚《りゆうえんおしよう》といわれる坊さんがありました。その龍淵和尚が或る寺の住持《じゆうじ》におなりになった時に、その寺の先の住持は隠居をしておられたが、龍淵和尚の姿を見て言われるのに「お前の姿を見ているとまだ徳が光っておらぬから、徳を積め」とこう被仰《おつしや》った。そして、「それには施浴をするのがいい」と言われた。施浴というのは光明皇后様が千人の病人をお湯にお入れになって洗っておあげになったあれのように「浴」を供養するのです。「お前の體《からだ》、態度、容貌を見ていると徳が光っていない」と言われた。これは考うべきことだと思います。徳というものはいくら本を一遍に勉強しても早速に備わるものじゃない。知識で勉強を一所懸命にやってもそれはちっと位はインテリらしい容貌になるかもしれぬけれども、徳というものは光って来ない。徳が自分の身體から光って後光が射すように見えて来るには陰徳を積まなくてはいかぬ。だから先住の和尚が龍淵和尚に「お前は施浴をするのがいい」と言われたのであります。そこで龍淵和尚は天龍寺の広っぱに湯殿を据えてどこか嵯峨の清流の方から鉱泉を汲んで来、柴を刈って来て、自分でそれを沸かして、近所のお百姓さん達にお風呂の供養を三年間ずっとお続けになったそうであります。そうやっていると、容貌、態度に何となしに徳が光るようになって来たに違いないと思うのです。そういう龍淵和尚に鉗鎚《けんつい》を受けたから今の関精拙というような偉い坊さんが出来た。兎に角徳というものは自分を忘れて人に盡《つく》すというところに、身についた徳というものが出て来る。徳は「取り得だ」なんて慾張って、何でも自分の方に巻き上げたりして見ても、それでは徳などというものは出て来はしないのであります。徳というものは無我になって、心の奥底に深く切にあるところのものを本当に盡すところに、そこに本当の光というものが出て来るのであります。佛とか神とかいうものは何処にあるかというと、無我になって、まず表面の「我」という薄皮を剝《は》ぐ、そして奥底から深く切なるものを出して来る。その深く切なるものが佛であり神であるのであります。慾ばってやる功徳は佛ではない。無我になるところに、佛であり、神であるところのものが出て来るのであります。すると容貌、態度も、佛の光、神の光が出てまいります。そしたら自分の一挙手、一投足から自ら徳の光の様な容貌、態度というものになって現われて来るのであります。人間は常に深切を内から出して陰徳を積むということをしなければならない。駈け出しの成り上りでは徳というものはその身體から光って来るものではありません。或る時九州からいらっしゃった人で、生長の家本部講師に雇って欲しい、私は某々学校の教授をしておったというような履書を送って来られて、そして本部の講師にしてくれ、喋ることなら上手だという手紙を寄越されたのであります。併し早速本部の講師にするわけには行かないから、御返事は差し上げなかったのであります。そうすると或る日その人が突然本部にやって来られて「本部に働かして貰いたい。自分は人を教化したいと思うのですが」と、こう言われるのであります。その時清都先生がお目にかかられましたが、清都先生は、「それじゃ光明寮の風呂場が出来たが風呂焚《た》く人がないのだから、一つ風呂を沸かしてくれないか」と言われたのであります。その人は「えらい公案を与えられた」とまったく、困った顔して引き下られたということです。人を教化するのなら出来るけれども、風呂焚きだけはどうか勘辨して欲しいというのでは、人を教化する力がないと思うのです。地方へ行くと、地方の地場の信者の方が徳が高くて、本山の僧など及ばぬことがある。そして「もっと口先きの人でなくて行の人を寄越して欲しい」と言われる。先生になって講談師のように喋って歩くだけでは徳は積めませぬ。人間は先生になることが大変危険である。今迄深切な誌友であった人が、地方講師の免状を貰うとガラリと態度が変って、「もっと御馳走を食わせろ。私は谷口先生の代理だ」と言って威張《いば》って酒食の饗応を請求する人が出て来る。谷口先生の偉い代理が出来たもので、私は御馳走など註文した事はありませぬ。漬物だけあれば結構ですと頂いているのです。人を教化するという事はそんな口先ぐらいで出来ると思うのは間違いです。口先きで喋って、しか爪らしく道徳家らしい顔して呶鳴りつけたら病気位は治るでありましょうが、その奥には徳で感化しなかったり、不徳がそのまま残っていたらまた再発してまいります。又その病気の治ったのがその人にとって将来の不幸の種になるかもしれません。口先きで上手にさえ喋れば相手が感化されるように思う人があるかもしれませんけれども、それでは人を根本に於いて救うことは出来ない。本当に徳が光っている人なら、演壇に立って何も喋らなくとも相手を感化することが出来ます。

お釈迦さんは某時《あるとき》演壇に上って何も喋らず居睡《いねむ》ってただ涎《よだれ》をくっておられたことがあるそうです。そしたら文殊《もんじゅ》菩薩《ぼさつ》が白槌《びゃくつい》をもって合図して「説教は終わりました」と言ったそうです。そしたら当時のバラモンのえらい修行者がそこに来ておって、ああお釈迦さんはさすがに偉いものだと感心して泣いたということが従容録《しょうようろく》に書いてあります。

人間はこのお釈迦さんのように何も喋らなくとも、ただ近づくだけで相手を感化するようにならねばなりません。そういう風になるのは、その人の體に徳というものが光って来なければならない。徳というものは学問したからとか、本を沢山読んだからと言って急に備わるものではない。それは深切と、真心とを常に出して人に施すようにしていたら、徳というものは自然に備わって来るのであります。

無我の合掌の力

そういうわけで深切を、真心を出した時こそ、吾々は本当に人を感化することが出来るのであります。つけ焼刃では駄目であります。この間、高野山の講習会に行く道で、難波の駅から乗って南海電車で見送りの人たちに合掌して挨拶をし、暫くしておりますと、私に「先生」と言って声を掛けた人がある。見知らぬ人で汚れたよれよれの国民服を着て頬骨のソゲたような顔をした人であります。「何ですか」と言ったら、「私は、先生が合掌していらっしゃる姿を見ましたら、先生を思い出しました」こう言われるのです。「何を思い出したのですか」「先生が何日《いっ》か、大阪の中央公会堂で講演をしていらっしゃった事がありますが、その時に私は一遍だけ先生を遠くから見たその時、好い話だなと思いましたが、その時以来すっかり私は先生をも先生の話をも忘れておったのです。ところが今先生が見送りの人に対して合掌していらっしゃるその姿を見た時に、私はその時の事を思い出したのです。私を救って下さるのは先生の外にありません。私は悪人です。どうぞ救って下さい」こう思いがけぬことを言われるのであります。「救って下さいといって、どうして上げたら好いのですか」と言いますと、「先生、その手に私を触れさせて下さい」というのです。唯それだけで何も求めるのでもないのです。お金をくれというのでもないのです。その人は純粋に救われたいと熱願しているのです。「私は悪人です」と過去を振り返って深く切なるところから求めた時、その人はもう救われているのです。私が、その方の手を握って上げましたら、「私は救われました」こう言われたのです。そして「もうこの御恩は一生忘れません」と言われた。私は何も与えたのではない。けれども、こうして自分で自分が悪人だと気づいて、そして自分は悪人ですと言われた時には悪人は無くなっておるのです。悪人を超えて、そして一層高き自分が深いところから出ていたのであります。もうその時その人は救われていらっしゃった。私が手を握ろうが握るまいが、きっと救われていらっしゃったのでありますが、それは合掌の力であります。こういうと私の合掌がえらそうに聞えるかもしれませんが、それは私が偉いのではなくて、みんなが深切に見送りして下さるから、見送る人の深切と真心とに引き出されて、そして私がおもわず合掌しておったのです。深切が深切を喚《よ》び出し、真心が真心を呼び出して私をして合掌せしめた。その真心の合掌ですから、何も説教しないでも、ただその合掌を見るだけで、その人が感激して自然と心が浄まったわけだろうと思うのであります。

誰でも深く切なるところから真心を出さなくてはいかぬ。真心を常に出しておれば、そこに徳が積まれることになって、徳が形に現われて来るということになるのであります。徳が形に備わるためには常に合掌の心というものを失ってはならないのであります。風呂を百姓に施して上げても、「こんな風呂焚き見たいな仕事を言いつかって馬鹿らしい。あの和尚さん詰らないことを言いつける」と思って、ブツブツ憤慨の心で風呂焚きをしておっては少しもその身體から後光が射して来ないのであります。深く切なるところから、真心を出した時に自分のいのちから本物の光が出て来る。それが肉體にも現われて何となしにあの人は徳が備っている人だというように現われて来るわけであります。そういう風になったら黙って近づくだけで、相手が感化出来る。誰でもその人に自然と頭が下がるという力が出て来るのであります。

世界の平和を實現してまいりますには、常に真心を深く切なるところから出して、すべての人間の實相を、神の子として拝んで行くようにしなければなりませぬ。何にも求めないで、ただ拝むこころで神社などの境内《けいだい》を掃除していると、そうすると「よう掃除して下さいました。有難うございます。まあお休み下さいませ」と言って、何か食べ物などを持って来られることもあるものですが、何も食べものを持って来てくれるから有難いというのではないのでありますけれども、そこに自ら人を引きつけ、人を和《やわ》らげ、人を拝ませる力というものが出て来るのは、こちらが人を拝むからであります。こちらが拝まないで、先生振って、人を呶鳴り附けたり、軽蔑したりしているのでは、誰も拝んでくれるようにはなりません。

何でも自分が得になるようにとこう考えておりますと、却って損が行くものであります。それよりも、人を生かそう生かそうとしていると却って自分に得が行くのであります。併し、得が行くなど考えたりしているのでは、徳を却って滅ぼしてしまうことになるのであります。功徳も利益も何にも執着しないで、唯いのちの営みを行って行けば、自然とそこに物は生み出されて来るのであります。物とは生命の働きが客観的にあらわれたのでありますから。

この世界は人の心の波によって出来ている、心の世界が形に出ているのだということは常に申し上げるところでありますが、心の世界でみんなから喜ばれておったら、その人が自ら心の世界で都合の好いように物質の世界で裕かになって来るということも、これも当然のことなのであります。

吾々は常に人に対し、物に対し、事に対して深切を行ずるという事を念願としなければなりません。人に対し、物に対し、事に対して深切を行ずるということは、他に対して深切を出すように聞えるかもしれませんけれども、決してそうではないのであって、元来「深切」というものこそ、自分の底深く横たわる本體なのであります。深切そのものこそ人間なのであります。深切というものが人間である。詰り自分の奥にあるところの、深奥にあるところのものが「深切」である。「本当の自分」というものは「深切」なのです。この「深切」のことをキリストは「愛」といい、孔子は「仁《じん》」といい、或る人はそれを「道義」とか「道徳」とか又単に「道」とかいいましたが、それは本来人間の内に宿っている所の真心であります。日本語でいうと真心、即ち「まことのこころ」です。誠の心は自分の心で、虚の心は他の心――「自分そのもの」ではないのであります。自分の奥底深くあるその「深切」なるものが真心――「本当の自分」なのでありますから、本当のものを出さないでいて、そして自分が生きると思ってもそれは空しき事であります。本当のものだけが「自分」なのでありますから、本当のものを出さなければ自分が生きてまいりません。常に本当の自分――まごころを出そう出そうと、そういう風に心掛けてまいりましたならば、結局まごころは神であり、神の中に全てがありますから栄える他に仕方がなくなるのであります。栄えると申しますと、何か自由主義的な個人主義的なものがあるようにお考えになるかもしれませんけれども、これは個人主義的な栄えの問題ではないのであります。かかる真心の人が集まって国民が栄えるのであります。併し国民の役に立つものは、結局自分も押し上げられて栄えるほかはないのであります。兎も角自分の内に深くあるところの真心を上へ浮び上らして、それを生かすこと、そのことこそが本当に生きることなのであります。

また實にそれより他に吾々の生きる道はないのであって、それから後に起る利益とか功徳とかいうような物質的なものは、後から起る附随現象に過ぎないのであります。

第十五章　運命を支配する法則

三界は唯一心《ゆいいつしん》の現われ

普通の精神療法家とか精神治療家とか精神科学者とかの中には、病気は心で治るけれども、境遇とか運命とか肉體外の出来事というものは心で支配することは難かしいものだ、こういう風に考えている人が多いのであります。これが謂《い》わば精神科学の正統派の人々であります。併し、そういう人々は吾々の心というものが宇宙の心と一つであるということを忘れているからそう考えるのであります。吾々の心は各個人の心が別々にあって、その各個人の心に従って或るものは健康になり、或るものは不健康になるということを認めているので、自分の肉體だけを自己の領土としてそれを支配している心を認めてはいるが、肉體を超えて外界を支配することは出来ないと考えているからであります。自分の肉體を支配する「心」を、宇宙全體を支配する「心」と別々に認めていて、自分の肉體を支配している「心」と宇宙を支配する心とが一つであるということとを認めない為に、肉體は自分の「心」で支配出来るが、環境の動きや宇宙全體の動きというものは自分の「心」では支配することが出来ないとこう考えるに到るのであります。そういう人達には、「環境全體の心」や、「宇宙の心」というものは唯一つだ、ということが分らないのです。宇宙の「心」と各個人の心は、バラバラな別存在だと観ているバラバラ主義者であります。そういうバラバラ主義者は自己の信念通り、環境と自分とがバラバラであるから、環境は自分の思うように行かない。これは結局自分の心の反映であります。併しながら運命を支配する「心」も自分の肉體を支配する「心」もやはりひとつの「心」だ。三界は唯一心のあらわれだ、その唯一心——本当の自分の「心」は宇宙に充ちているその「心」と一つであるということを知らねばなりません。

母のこころ・子の心

肉體の健康のみならず生産増強ということも、成功ということも、失敗ということも、各自の将来の運命も、皆この唯一つの「心」の波に依ってそれを自由自在に顕現することが出来るのであります。今までは、私は運が悪いのだから仕方がないのだとか、私は悪い星の下に生れたのだから仕方がないのだとか、こうなるのも宿命だから仕方がないというような宿命論者が随分あったのでありますけれども、生長の家はかかる宿命論を打破して、人間の権威を自覚せしめるために出現したのであります。舊き宿命に操られる人間から、「人間、神の子無限力」の自覚への新生です。人間は神の子であって、全く自由自在無礙《むげ》自在の力を与えられているというところの大真理を自覚し、それを實践せしめるのであります。その根本原理は、人間の「心」というものは、人間の「心」であると同時に、宇宙の「心」であるということであります。皆さんがお生まれになりましてオギャーと出て来ると、何にも教えられないでもお母さんの乳房に喰《く》らいつく、そしてお乳を吸うことを知っているのであります。それはどうして知っているかというと、学ばないで知っている。人間の頭の智慧以上の心がそこに働いているのだということを見出さなければならないと思うのであります。それは子供を産み出したら必ずそれにお乳をふくませたくなる母心の衝動を与え給うところの智慧と、それからお乳を与え給うたならばそれを吸うところの嬰児《みどりご》の衝動とを与えたところの智慧とは、同じ一つの「心」なのであります。お母さんは何とはなしにお乳を吸わせたくなる、お乳が脹って来る。子供は何となくお乳が吸いたくなる。乳房に唇が触れると自然と吸い着くようになる、母と子とは別々の心であるようなれどもそれは別の心ではない。同じ一つの心だからちゃんとそういう風に調和している。或いは鶏《にわとり》が卵を孵《かえ》すと、母鶏が上からつつくのと、雛鳥が下から啄《つつ》くのと両方から一つになるのが啐啄同時《そったくどうじ》であります。上から母鶏がひよこの目玉でも突ついたら、盲目のひよこが生まれて来るが、決してそんなことは一度だってない。親心、子心と二つに分れているけれども、實は一つの心である。別々の心ではないのであります。

花咲く心と花見る心とは一つ

そういう風に考えて參りますと、そうすると各個人に宿っている「心」というものも決して別別の「心」ではないということが分るのであります。その外いろんな實例を挙げてこの「一つの心」を証明することが出来ます。赤い花が咲く、赤い花が咲いてそこに蜜を貯えている、蜜を貯えて、赤い色の信号で蜜蜂を呼ぶ「心」と、そこへ赤い花を認めて飛んで来るところの「蜜蜂」の心とは一つである。その草花の「心」は、蜜蜂は赤い花を認めたならば、キット飛んで来るに違いないということをちゃんと知っておって、赤く咲いているのであります。無論、その草花に脳髄があってものを考える訳ではない。吾々は、時とすると、「脳髄」だけを心の源泉のように思いますが、脳髄は、その奥にある「心」が使うための道具で、脳髄を使って、根本の奥の、「心」で働き足りないところを補う。丁度、肉眼の力で及ばないときは、顕微鏡の力で補うようなものであります。しかし、顕微鏡だけでは何も出来ない。見る心がなければならない。それと同じく、脳髄だけでは何も出来ない。その奥に、「心」がある。「心」が脳髄を使って一層複雑な分析的問題を取り扱う。併し肉眼も常に顕微鏡を使って働かないと同じように、吾々の心は必ずしも常に脳髄を使って働く訳ではない。脳髄を使わずに、「心」だけが働く、それがあの母鶏と雛鳥との啐啄《そったく》同時の現象や、人間に於ける直覚や、「虫が知らす現象」や、かの頭脳以上の不可思議なる智慧が、花にあり蜜蜂にあって、それは蜜蜂の心と花の心と一つであることが判る――そうなって来ると、表面の現在意識というものを見ると別々であって、私の思うことはあの人には伝わらない、片思いだなんて考えることもあるかもしれないけれども、「片思い」などというものは本当はありはしないのです。頭脳の心では「片思い」の様に見える奥に、もう一つの心があって、そのもう一つの心が操っていて、その心が、二人を本当にまだ近づけてはならないと思って「片思い」にならせているのであります。「我の心」でこうやりたいと思っても出来ぬことがある。それは「我の心」というものはにせ物の心だからです。それは顕微鏡を透《とお》して見る姿のようなもので、ハッキリ何でも判るようだけれども、その顕微鏡のレンズが歪んでおったり、レンズとレンズの距離を間違えたりすると本当の事が判らないで間違って見えるのです。それを修正するのが顕微鏡自身の心では出来ない。顕微鏡の背後にある「心」で修正しなければならない。それと同じく脳髄の心で「こうだ」と思っても間違っていることがある。その間違いを正すのは脳髄の心では出来ない、その背後にある唯一つの「間違わない心」である。それが自己に宿る「宇宙の心」であって、それが、頭脳の心の持ち方が間違っていると何か都合の悪いことや、不快な気分や、病気などを起して、それを気着かせようとする。「我の心」で、我を突っぱらして、私はあの人と夫婦になりたいが、私の思いがどうして通じないのか――そういう我の心で相手を自分に適当な配偶であると思って、ひとりできめ込んでも、「宇宙の心」「一つの心」が、それを適当だと認めなかったら向うへ通じない。通じないのは当り前であって、それはバラバラに崩れた、波に映った砕けた月のようなバラバラの心で、片思いをしているのだから通じないのであります。所が「宇宙の心」が、本来一つの心が、あの人とあの人と一緒にして上げましょうと摂理したその摂理の通りの心を起したら、自分の求める恋人は向うも亦《また》自分を求めているのだということになるのであって、そこに何ら悲惨もなければ悲劇もないことになります。周囲の人もそういう縁談には賛成する。縁談ばかりではない、事業でも「我の心」で「自分が儲かる」というつもりでやると周囲から抑えられる。我のない心で「一つの心」「宇宙の心」が、今こそ、日本のために、こういう仕事をしなければならない。全體が、こういう仕事を欲しているのだということをやれば、周囲の人が皆助けてくれるのであります。周囲全體を操っている「心」は宇宙の心だからであります。

求めても与えられぬのは

吾々は何でも求めれば出来ると言いますけれども、併し求める心を吟味しなければならない。我慾で人が潰《つぶ》れてもよろしいから私が助かりますように、と言って念じて、それが神様に通ずるかどうかということは問題であります。「求めよ、さらば与えられん」と言いますけれども、何でも求めたら得られるかと申しますと、決してそうではないのであって、吾々は「神の心」即ち「もといいの一つの心」に一致して求めなければならない。その神の心というものはいずくにもある宇宙の心であり、自分の内にある本当の心でもあるのです。自分の中にある本当の心こそ「神の心」であって、自分が「神心」というものを中から出して来て、そして求めたら、「オギャー」

と乳を求めて泣いたら、神様が「よしよし」と乳房を出して吸わせて下さるように、自己内在の「神性の心」を出して来て、その心で求めたら、その求めをそのままよしよしと適《かな》えて上げましょうということになって来るわけです。ですから吾々は求むるに先立って先ず自分の心を吟味することが必要であります。無我になって求めたら無論よろしい。我で求めたら失敗します。老子の謂《い》った様に「無為にして為す」「無為」に為すというのは計らわぬ事です。自分の我の心で計らいなしに為すことが出来たならば、吾々は行くところ一つとして衝突するものはない。計らいというものがあるから衝突が出て来るのです。そのままの心になれ、ということを生長の家では常に言っている。そのままの心とは、他の言葉で言い顕《あら》わし難いので、言葉の表情に依って会得して貰うしか仕方がないけれども、そのままの心、さながらの心、自然の心、はからわぬ心、結局、その儘の心、「本当の自分」の心を出すということが必要なのであります。「自分が」「自分が」というけれども多くは本当の自分の心ではなくて、顕微鏡のレンズの調節を誤ったような心、脳髄の調子の狂った心を出して「自分自分」と言っているので、そんなものは自分ではないのであります。本当の自分の心を出したときには、必ず萬事が都合よくゆくのであります。あの人はどうして何でも都合がよくゆくが、この人はどうして都合よく行かぬか――こう考えて見ますと、本当の神性《かみごころ》、本当の自分の心というものを出す人はそれは萬事が都合よく行くのです。けれども本当の自分の心でない、にせ物の心、「我」の心を出してやろうとすると、萬事が都合よく行かないのであります。

我の心とはどんなもの

我の心というものはどんな心かというと、我の心というものは、全體の幸福ということを考えない心です。そして自分の手柄を鼻にかける心です。全體の心が神の心ですから、自分だけが得のゆくように考えたり、自分が楽をしたいというように考えたり、兎も角全體と相反するような心は、それは自分の心ではないのです。生まれたての赤ん坊というものは、あれでお乳欲しいと思って泣いているから、自分の得の行くように泣いているのだと思えば、思われない事もないけれども、實はあれは計らいなしで泣いている。脳髄ではからって自分の得や損を考えないので、そのままの心で泣いているのです。それは自分の計らいなしに宇宙全體の心で計らわれて泣いているのです。だから泣いていても権威がある。どんな無慈悲な人にでも慈悲心を起させる権威がある。そうすると母親が、その赤ん坊の泣き声を聞いて、また自然に自分の乳房が脹《は》って来て乳をのませたくなる。自然と「宇宙の一つの心」が内部から湧き出て来て求めるものが自然に与えられるようになるのであります。

そういう風に計らわれて、自分で計らわずに、宇宙の心に計らわれてということになりますと何をしても非常に楽であります。はげしい生存競争の真唯中《まったたなか》に立って、その困難の中を人間の脳髄の智慧ではからって、二六時中こうしなければならない、ああしなければならないと固苦しく考えていて、それで旨く行くかというと決して旨く行くものではない、昔でも、利己主義は破滅の因でありましたが、今は一層利己心は自分を傷つけ、自分の仕事を不結果に終わらせます。内界と外界とが対立して争っているものですから草臥《くたび》れてしまうのであります。柔道の名人の先生は多くの弟子を扱って稽古をつけても一向《こう》草臥れない。未熟の者は一人か二人か相手にして力んでやっていると直きにフラフラになって草臥れてしまいます。それは何故かというと、未熟の者は我の心で計らって筋肉を硬直させて勝手に草臥れてしまうのであります。柔道の名人は何十人、何百人相手にしてもちっとも自分は草臥れない。そのままの心になって、向うの力を利用して、そして向うを投げ飛ばしているというようになる。向うが突いて来れば、突いて来る力を利用して一寸引っ張って一寸肩をかわしたら向うが勝手にひっくり顚《かえ》っている。向うが引っ張って来るその方向に突いてやれば、自然と向うが倒れてしまう。そういう風に、引く力、押す力と「一つ」になって、計らわずに働くときには疲れない。そういう生き方は『甘露の法雨』にありますように「天人が天界を遊行するが如く　また海魚が水中を游泳するが如く」そこには何ら衝突するものがない、すらりすらりとすべてのものと調和して生活してゆくことが出来るのであります。これが運命をよくする根本原理であります。

第十六章　思うことが必ず叶う法

朝起きた時の思想感情

朝起きたときの思想感情は世界を支配します。それは家庭の空気を支配し、事務所の雰囲気を支配し、工場の生産能率を支配し、商店に於ける繁栄を支配する。苟《いやしく》も幸福者となる為には、朝起きると同時にどういう思念をすればいいか。どういう言葉を心の内で唱えて内部に勝利の感情を喚び起したら好いのでしょうか。私はこう唱えるのである。

「吾がうちには無限の叡智が宿っているのである。それ故決して失敗をすることはない。私は常に勝利者である」と。

皆さんがこの世の中に処して時々失敗をやり、間違いを仕でかすというのは、それは「自分は間違う」と思うから間違うのです。或いは間違う筈はないと信じつつ間違ったという人があるかもしれぬが、それは表面のことであって、心の奥底には屹度間違いを豫想し描く心があったのです。吾々は、大地の上に引いてある幅三寸の白墨の線の上を少しも踏み外さずに平気で歩くことが出来ます。けれども、川の上に架《か》けてある、幅三寸の丸木橋の上を平気で渡ることは難しい。下が深ければ深い程、川幅が広ければ広い程、それを渡る時には心が用慎《ようじん》する。用慎しながらも心が動揺するから、心の平均を失った姿が形にあらわれて身體は河中に墜落してしまう。それは何故かというと、「落ちるだろう」「失敗するだろう」と心の底で思うから墜落するのであります。

吾々が勝利者となろうと欲せば、人生に処して「如何なる場合にも自分というものは決して間違いをするものでない」ということを根本的に自覚していなければならないのです。こうして置けば、吾等は常に平地の上の幅三寸の白墨の線上を少しも脱線しないで平気で歩むことが出来るように、少しも失敗もなしに歩むことが出来るのであります。

諸君が試験場に臨んでも、「自分は辷《すべ》るかもしれぬ」「落第するかもしれない」「この問題は中々難かしいぞ」こう思って答案にとりかかるならば、だんだん気が焦《あせ》ってきて、平生《いつも》ならすらすらと解ける程の易しい問題が、その時に限って解けなくなってしまって、ついにその豫想した通りの失敗が形にあらわれて来るのであります。

何事にのぞんでも、間違いをしないように、自分の心を落ち着けるためには、「吾がうちには無限の叡智が宿っている。それ故に決して失敗をすることはない。我れは常勝の者である」とこう毎朝又は機会ある毎に念ずることが必要であります。この通りの言葉でなくてもよろしいが、この意味の語を念ずることが必要であります。

萬物と一體であることを自覚すること

元来恐怖心があると、相手と一つになれない。一つになれなかったら分れます。白墨の線の上を歩むのなら、白墨の線とぴたりと「一つ」に成り切ることが必要なのです。「一つ」に成り切ること、これが常勝の道であります。白刃下《はくじんか》にいても白刃を見ないで近づく。其処《そこ》は天下無敵の独壇場です。三寸幅の丸木橋を渡るならば、その丸木橋と一つになり切って架《かか》っている千仭《じん》の谷は見ないことです。危険を見なければ危険はないのです。

こうして相手その物とぴったりと仲よしになり、相手と全く完全に一體となる生活が生長の家で説いている「和」の生活であります。「天地一切のものと和解したら天地一切のもの何物も吾等を害することは出来ぬ」という教えがそれである。實業でも、時局でも、棋道《きどう》でも皆同じ事なのである。吾々は何物をも恐れないでぴたりと一つになることが必要であります。最も恐ろしい敵は外部になくして、自分の心の中に出来る隙なのである。馬に乗っても、名人が馬に乗れば鞍上人なく鞍下馬なしであって、ピタリと騎手と馬とが「一つ」になっている。馬と一つになる。馬だけでは無い。萬物と一つになる。これが百事如意の道であり、生産増強の道であり、大和の道である。何物とでも「一つ」になることが幸福實現の秘訣であります。

吾々のうちには愛が宿っている。これを日本語では「ムスビ」と言います。「ムスビ」の精神で、吾々は凡ての事物、すべての人々と調和し得るのです。愛即ち「ムスビ」というものは「彼」と「我」と、外見から観れば分れているように見えていながら本来自他一體であることの自覚であります。この吾々のうちには愛が宿っている――ということは、彼と我との中には自他一體の實相が宿っているということである。實相が自他一體であるからこそ、そこに「一つ」という事が實現して来るものなのです。道に引いた白墨の線と、自分のいのちとも一つであると自覚されますと、渡られる橋と渡る人とは「一つ」であるから橋が人間を墜落せしめて怪我せしめるということはない筈なのです。馬に乗る時には馬と自分とは「一つ」である。だから馬に乗っても「馬が自分を跳ね飛ばすかもしれない、馬と私とは一體ではない」と思っている間は馬から跳ね飛ばされたりすることになるのです。名人はどんな暴れ馬のところに行ってもその暴れ馬が自分を害するということを豫想しない。だからどんな駻馬《かんば》であっても猫のようにやさしくなる。それと同じことが、どんな難かしい「仕事」に対しても言えるのであります。

生長の家誌友の宣撫班員の話

或る生長の家の誌友が宣撫《せんぶ》班員になって中国に往った事がある。そうすると中国人が大変にその日本人をしたう。というのは、その日本人は生長の家の教えを受けて、「中国人というものは決して日本人を害しないのだ」ということを自分の心の中に念じて、中国人の佛なる實相を見つめていたからです。だから中国人と心が一つになった。それどころか中国人達はその宣撫班員の日本人に「あんたは中国人に違いない。杭州人に違いない。だからあんたに是非中国のお嫁さんを世話したい」と言って、何でも地下室のような穴倉の中のような秘密の隠れ場所に連れて行って、多勢の美人を見せて貰ったという。「和」の心が實現すると中国人からは中国人そのものの如く親しまれ、ビルマ人からはビルマ人そのものの如く親しまれる。和は世界の争いを止め、世界を生かし、世界を一つに調和せしめる。もし吾らにして「和」の心がなければ、今後の平和日本の礎石《いしずえ》となることは出来ぬ。心の迷いは言論の力で撃砕《げきさい》するが、どこまでも「自他一體」の心で育ててやる。これが和の精神であります。こうすれば、ただに人間のみが馴着《なつ》くだけではない。鳥でも虎でもライオンでも本当になつくのです。聖フランチェスコは、小鳥に説教したら小鳥が集まって来た。ダニエルは捕えられてライオンの檻の中に放り込まれたとき、そのライオンは猫のようにダニエルになついて少しも害をしなかったということである。これと同じ話が澤庵禅師にもある。禅師が虎の檻の中に這入って行くと、虎が猫のように澤庵禅師の手をなめたというような伝え話もある。普通の人が小鳥を追っかけたら直ぐに逃げて行く。これはまだ此方《こちら》に「和」の精神が足りないのだと思われます。生長の家の人の中には鼠《ねずみ》に説諭をしたら鼠が天井であばれなくなったとか、毛虫に神想観したら、毛虫がどこかへ退散したとかいう實話がありますが、萬物本来「一」の生命が宿っていることを知れば、そんなことも出来得べきはずであります。吾等はそんなことをしたという人を疑うことなく、その境地になり得ない自分を寧ろ恥じて修養を積むべきであります。すべての事と物には「自他一體」の實相が宿っているから此方の思いは向うに感応するわけであります。それ故に吾等は常に「すべての事物と完全に調和している」と思念し、その調和の實相を喚び覚ますようにすべきである。一切と調和さえしていたならば傷つくことがないのである。

完《まっ》き健康への思念

次に常に念ずべき思念は、「吾がうちには神のいのちが宿っている。それ故に吾は全く健康である」という語《ことば》であります。吾々は自身の生命を、唯物質が集まって出来上っているいのちだと考えているならば、物質は砕けるもの、朽ち果てるものであるから、そういう生命を自分の生命だと思っている限りは、全き健康は實現しないでしょう。人間を物質だと考えている人でも、或る程度までは健康な人もあろうが、無論それでは全き健康というものは得られない。健康な時はそれで好いが少し身體が弱って来たときには耐久力がない。無限の耐久力をもった人となるには、どうしても神のいのちが自分だということを自覺しなければならないのであります。

こういう思念の言葉は皆さんが神想観の時にお念じになるだけでなしに、時々一分間乃至《ないし》数分間の余暇に念ずると大いに心機を新たにして必勝の自信を増し、健康の自信を増し、工場員などでも、心が爽快になって能率が増進するものです。又時には心に思念するだけでなしに、それを詩でも朗誦するように声を出して、力強く言葉に出して唱えることにするならば、大いに有効なのであります。「吾がうちには神のいのちが宿《やど》っている。それ故に吾は全き健康である」こう唱えて、一分間ばかり眼を瞑《つむ》りつつ、深呼吸を数回やるのです。それは簡単だけれども實行したとき非常な効果を顯《あら》わすのです。これは「一分間思念健康能率増進法」ともいうべきものであります。

他の悪を見てはならぬ

人間が本来自他一體であり、互いに調和しているのにその調和を紊《みだ》し、家庭を不快なものとし、事務所や工場の雰囲気を棘々《とげとげ》しきものとして生産能率を減退せしむるのは、他の過ちを見出す悪い癖であります。技術の精密さを期するため、技術上の欠陥は互いに気をつけねばなりませんが、技術以外の他の過ちが気になって来るのは一つの悪い癖である。それは智慧が明らかな徴候ではないのであって、寧ろ智慧が歪んでおる証拠であります。本当の明らかなる智慧というものは、神智であるから人の性格の誤りなどは見ないのであって、好いところばかりを見る、これが本当の智慧なのであります。

人間のいのちの實相は、即ち神のいのちの實相、そのまま調和したすがたを見る――これが神智、叡智、相手と和解する智慧なのです。「天地一切のものと和解せよ」という教えは、外見は如何に醜くとも、その實相は完全であることを知って、はじめて出来るのです。技術上の欠陥は指摘しても好いというのは、その奥に完全な實相があるから、その實相を拝んでおれば、もっとこうすれば完全な實相が出ると教える事になります。不完全さは丁度富士山にかかっている雲見たいなものであります。雲を見て富士山が曇っているなんて考えるのは、これは本当の意味の智慧が明らかでない。現象に捉われているところの迷妄《めいもう》に過ぎない。だから富士山はこんな姿の筈ではない、もっと完全な姿であると教える、これは技術を磨く喩《たと》えなのである。鼠が物を齧《かじ》り、天井で暴れ乱暴するのは、鼠というものは物を嚙《か》んでいたずらをすると考えておる所の想念の反映であります。だから鼠の實相を見て言い聴かす思念をすると出て来なくなる實例が度々ありますす。鼠でさえもその通り、萬物の靈長である人間に完全なる實相が宿っておらぬ筈がないのです。欠点など見ないで、「彼は立派な奴じゃ」と拝む気持ちで思念していると、自然にその人の立派な實相があらわれて来るのであります。

又、人を拝み尊重するのは、唯単に役に立つから尊重するのであってはならないのです。それでは人を尊重するのでなくて「役」を尊重し、「利益」を尊重するのであるから、人間そのものの尊重ではないから、人間そのものに喜びが湧いて来ないのです。何か利益になるから彼を尊重するというのであるならば、利益にならなくなったら尊重しなくなる、それでは、その人の實相を観るものとは言えないのである。

或る人が貧乏であって村を追われた。そこで発奮してどこかへ行って奮闘してそして有名になった。するとその村の人が、自分の村からあんな名士が出たということは素晴しい村の名誉である、その人に会いたいというので村の人が歓迎の旗を振って途《みち》の両側に堵列《とれつ》をしてその出世した人を出迎えた。そこでその一行の行列が通る。しかし、その人はその行列の中のどの人だか判らないのでした。「一體あの人は何処にいるのですか」と村長は訊いた。すると、「あなたの会いたい人はあの馬に乗っています」と言う。馬を見ると、馬には財宝が積んであるだけである。そこで「あの馬には財宝が積んであるばかりで、人は見えません。あの出世した人はどこにいるのですか、一刻も早く拝みたい」と言いますと、その人は「君達の見たいのはあれですよ。私が貧乏で財宝を持たないときには君達は私を村から追い出した。私が財宝が出来ると君たちは会いたいと言う。だから君達は財宝に逢いたいのですよ。そして本当の私には逢いたいことはないのですよ」こう言ってその出世した人はその村を通り過ぎて行ったということであります。人間を使うのも能率一点張りで使って「人間」そのものを尊重しなかったら、その能率ある人もその村を通り過ぎてしまうようになる。本当の能率をあげるには、家族全員を拝む。働く人全體を無条件に拝むところから来る。拝んだときに人間はそのままの全相——全善《ぜんよ》さ——全能率があらわれて来るのであります。そのまま裸かになっても、いのちは尊い。いのちの裸かの尊さということが本当に分らなかったらすべてのものを拝めない。拝めないところに幸福も繁栄も出て来ないのであります。

いのちの裸かをその儘拝めるようになると、道の側に咲いている草の花を見ても拝める。それは草の花が功利的に役立つから拝むのでもなく、役に立たないから拝めないというのでもない。ものそのもののいのちを本当に禮拝する。その心になった時に、その時に吾々はどんなところにも天国があるということが分るのだ。役に立つとか立たぬとかいうことに引っかからなくて、そのまま役に立っている。受用不盡《じゅようつきず》である。それは、必ずしも草花でなくてもいい、土だけでもいいのである。土そのものが拝まれる。土からはお米が出来るとか野菜が出来るとかいうので拝む、もしか出来なかったら拝まぬのではない。無条件にすべてのもののいのちを拝むのです。そうすると、土をそのまま荒地《あれち》のままで開墾しないでいては勿體《もったい》ないという気が起る。そこから米も出来、野菜も出来る。出来るから拝むのでなく、拝むから出来るようになるのである。これが天地一切のものに対する和であり、天地一切のものに勝つ道である。天地一切のものに和したときに、その時にこの世の中が本当に天国浄土になってしまう。土でさえもそれは佛のいのちである。神のいのちであるということが分る。況《いわん》やお米に於いてをや、野菜に於いてをや、更に人間に於いてをやということになって来るのであります。

絶対無ということ

「絶対無」の心境が生長の家であります。苟《いやしく》も心に一塵《じん》の「有《う》」がありましても、その「有」に縛られて自由自在が失われてしまうのであります。絶対の自由は無条件に生命を捨てるところから生ずるのであります。吾々は何でも豫《あらかじ》め抽象的な条件をつけてこうでなければならない、ああでなければならないと、一つの豫定的「有」をつかむと、その「なければならない」という自己限定にみずからいのちが縛られて、自己生命の自由自在さを失って敗北するということになるのであります。その生命の自己限定によって縛られている有様をば創世記には「無花果《いちじく》の木の葉を綴って着物を着た」という風に書いてあります。人間の生命が、本来の世界（エデンの楽園をもって象徴されている本来の世界）にいた時には「裸」であったとあります。「裸」とはそのまま「絶対無」の境地であります。その「絶対無」の純粋自由自在境に、役にも立たぬ着物を着せしめ、「無」の境地が破れたときに、人間は自分自身のいのちを縛ってしまったのであります。その時に人間は本来の自由自在を失ったのであります。こうでなければならないと条件づけたときに、既に吾々は絶対自由の境地から一歩踏み外したということになります。

ある時、吾々の道場で合気の稽古がありました。合気では、相手が胸倉をとって来た時にはこうするという型があります。合気の先生は、「こんなことをしたら仕掛けた方が負けなんですよ。仮りに胸倉を取って来ると脇の下が空いている、急所がスキだらけだ。こんなところを捉《つかま》えられたら、併しその時もうここに『当て』が入っている。捉《つか》んだ瞬間もうその人は死んでいる。攌《つか》んだら負けだが、捉えに来たということは、それは腕で捉まえられたから、まだ傷を受けていないけれども、それが腕でなくて合口《あいくち》で一つやられたら負けている。捉まえられた、相手に触れられたということだけで、それは負けている。だから合気では、相手に一指でも触れさせぬのが本当であります」と言われたのであります。

「捉んだら負けだし捉まえられたら亦《また》負けだ」という言葉は、凡ゆる方面に応用してまことに興味深き言葉であります。邪念を起したら負けだし、邪念に引っかけられ巻き込まれたら、負けているのだ。円満完全になってしまわなかったら本当に勝っているのではない。勝つとは常に円満完全で絶対不敗の境地にいることであります。これを単に商道の極意だとか、喧嘩の時の勝負だとか考えると狭いのであります。人生の上では「邪念で仕掛けたものが破れる」のであります。何をしてもそうであります。つまり「彼」と「我」とが二つに分れた時に、隙が出来てしまう。「あいつ憎いな」と思ったら既にこちらの心が破れておるのであります。憎いなと思ってから相《すも》撲《う》を取ったならば、それから形の上で勝つにしても負けるにしても、それは心の投影としてそうなるので、實は「憎いな」と思った時に、その邪念で自分が破れてしまっている。自分の円満さが既に破れたら傷ついているのです。肉眼で見たらまだその傷は分らないのです。自分の肉眼で見たら自分の魂の傷が分らないから傷ついて居らぬ積りで嚙みついて行ったりするけれども、併しそれは自分の靈感乏しくして自分自身の魂が傷ついているということに気がつかないだけのことです。既に打たれてしまっているということに気が付かねばならないのです。

幸福になるには「立場なき立場」に立たなければならないのです。「無」にならないといかぬ。絶対無条件になる。「絶対無」になる。絶対「無構え」になる。必ず何処かを摑むとスキが出来る。人から事物からも裏をかかれるのであります。何でも一つの型をつくり型を摑んだらもう腐っているのです。藝術でも同じことです。一つの型というものが出来たらその藝術は死んでしまっている。型がなくならなければならない。型がなくなって「無」になった時に凡てのものと調和することが出来る。相手と一つになるのです。対境と一つになるのです。時代と一つになる。すべての人々と一つになる。自らが「無」になったとき、時と場所と人との三相応の適当な姿というものが出て来るのであります。そうしたとき、天下無敵であります。「無」にならない限りは屹度傷つくものです。金剛石でも、或いはどんな超硬質のスピードスチールでも、それは硬く固っている限りは傷つくのです、硬いものは傷つくし、或る一定の型をもっているものは、他から打撃を受けると、悉《ことごと》くどんな型でも粉砕されてしまう。それは一定の型をもっておるからであります。だから絶対不敗の境地に立つには一定の型をなくしてしまわねばならぬ。「無」になり切って、絶対無の中に姿を没してしまわねばならぬ。絶対無になってしまったら叩こうにも叩けない。却って叩こうと思う人が砕けてしまう。「無」の中に無盡蔵がある。こっちが敗れるのはやはり無でなかったところがあるからであります。

この「絶対無」になってしまう、「無構え」になってしまうということは、何にもやらないということではない。また何にも自分が主張しないということでもないのであります。「無」という型をつかむから動きがとれなくなり、動かないのが「無」だなどと考えると間違いです。本当の「無」は主張すべき時には主張するのです。撃砕すべき時には撃砕するのです。併し、その「主張」も「撃砕」も、それが「無」から出てくるものでなければ、型に嵌《はま》った力の弱いものになってしまう。「無」から出て来た時にそこに初めて自由自在のいのちの本物が動き出して、自分が傷つかず、而も、迷妄のあらわれに過ぎないニセ物が粉砕されることになるのであります。

勝とうと思うと負ける

この絶対無の立場から、日常生活のいろいろの家庭の中などでの争いを考えて見ると、皆《みんな》「無」でないところから起るのだと感じがするのであります。こちらが「無」でないから争いが起る。姑はこう思う、嫁はこう思う、主人はこう思う、小姑はこう思う——みんな一つの型を持っている。老人はいう——「私、若い時代には、こういう風にしたものだ」そうすると若い者は「そんな舊《ふる》いことでは駄目だ。新しい時代にはこうでなければならないのだ」——と又一つの型を持っておってそれを主張する。型と型との寄り合いであります。そしてどちらも勝つのであります。

しかもどちらも傷ついている。これでは調和するかというと調和しない。夫婦でも両方とも勝とう勝とうとして頭の中が混乱して、表面で勝った積りで抑え合いをしていながら、魂の奥底では互いに傷ついて、「ああ家庭苦だ。どうしてこの自分の家庭はこう面白く行かないのだろうか」などと悩むのであります。これは皆一つの型というものを握るからであります。吾々はいつも型を脱ぎ、蛇が皮を脱ぐように、エデンの楽園のアダムとイブとが無果花《いちじく》の木の葉を綴った衣を着て、楽園追放の原因となったその型を脱ぎ捨てて、もう一遍すっかり裸にならなければならない、いのちの丸出しにならなければならない。そうして天地のいのちの波に乗って一つになった時に「汝ら天地一切のものと和解せよ」というあの神示にピッタリと適う事が出来るようになるのであります。「先生」「病気治して下さい」などと病気を自分の心の外にあるかの様に考えている人がある。病気どころのことでない、魂のことなのです。病気はそれはいのちの自由自在が失われた一つの姿が現象化して出ているだけのことでありまして、それよりも前にいのちの自由が失われている――それが病気のもっと奥深いところにある。それに気がつかねばならないのです。自分の魂が邪念で傷ついていないか。いのちが傷ついていないか――「傷つく」というのは彼と我との対立が心の中に出来てスキが出来た時に傷つくわけであります。

生長の家へ来て悟って、調和の心境を得て病気の治る人もあり、そうでない人もある。病気を物質の固塊《かたまり》だと見てはならない。病気を物質の固まりだと思うから把む。把むから負けるのです。向うから摑んで来たとき、こうして放してやれば向うが倒れる、それと同じように、病気を放してやると、病気の方が倒れてしまう。「病気」を把んで、「この病気、この病気」と思っている人は、病気に倒されてしまうのであります。形の上では「病気」によって倒されるように見えますけれども、自分で把んだその力によって自分で勝手に倒れているのであります。此方《こちら》の知ったことではないのであります。

先夜も或る人が、私の所に大急ぎでやって来られて、そして「私の高商時代の友達のお父さんが今胃癌で医者が手を放した。それで息子が、君は生長の家に行っているそうだが、生長の家ではいろいろ不思議に病気が奇蹟的に治ることがあるそうだから、何とか一つ先生を寄越して貰って私のお父さんを治して貰う訳には行かぬだろうかと頼みに来られたのですが、その友達が父の死期に直面してあまりに真剣そうだから、生長の家は病気治しでないことは知っているが、何とかならないかと思って来たのです」と言われたのですが、「それは何ともならないな。人間は自分で把んで自分で凝り固まりを拵えて死んで行く」と私は言ったわけです。それは生長の家へ来て病気が治ると言っても、ただ「心を放つ」ことを教えるので、心を放てば凝り固まりが治ることがあるけれども、医者が危篤《きとく》だというところへ講師を派遣して、医者と治術を競争するようなところではない。水戸駅の助役だった工藤寛次郎さんのお母さんのように、盛岡病院で手を放してからもう十数年も生きている人もある。と言って、死ぬ人もある。堀さんという某社の重役の方も胃癌で亡くなられた。この人は生長の家には熱心であったのですけれども、奥さんが特殊の神経病をもっていて、これを始終心の中に把んでいられた。「妻を見ていると気の毒な気がするのですよ」と私に歎息せられたこともある。その歎息が腹に固まって胃癌となった。鼠の胃癌発生の物理的原因を医学的に研究して文化勲章を貰った人もあるが人間の癌発生の原因は、その人の家庭事情などをきいて、調査して見ると、大抵家庭や仕事などの上で問題があってそれを摑んでいることがわかる。心が形にあらわれて内臓の塊となっている。さきの工藤寛次郎さんのお母さんは良人が十年間精神病で、その発作の為に悩んで胸に塊の出来る思いがした。やがてその塊が具體的にあらわれて癌だと宣告された。それが生長の家に触れて心の塊を解《ほぐ》す事が出来た。そうしたら癌が消えて来た。生長の家が治したのではない。生長の家は、ただ心の塊を解いたのです。すると本人が素直に心の塊を把まなくなったのです。みんな病気というのは自分が治すのであります。

堀さんでも、どうしてあんなに胃癌が起ったのだろうかと考えて見るといろいろの悩みがあった。その会社とは独力で経営しておられた漆器の会社で、統制で駄目になった。奥さんの神経病は誰知らぬ人がない位ひどいもので、極端な不潔恐怖症なのです。風呂に這入っても身體中洗って身體を拭いて、さて湯殿の扉を開こうとして扉に触れると、その扉は他人が触った扉だというので、又風呂に這入ってシャボンをつけて自分の手を洗う。洗って出ようとすると又扉に触れる、扉の汚れが又手についた気がする。そんなことを幾度も繰り返し繰り返しして一晩中一箇のシャボンがなくなるまで徹夜で湯殿にいるという調子だったのです。その潔癖は戸の締めようにまで及んで、女中が自分に気に入らぬ戸の開《あ》け閉《た》てをすると「もう一遍開けて締めて御覧。もう一遍開けて、また閉めて。もう一遍。……もう一遍……」と百遍でも二百遍でも、女中さんにやらしている。それをやらされる女中も気の毒だけれども、その奥さん自身も気の毒です。勝手に把んで勝手に悩んでいるのです。何でも把むと悩む。悩みが起るのは皆把むからなのです。奥さんのこの有様を見ていると良人として可哀相で堪らない感じが胸に固まって来たのです。精神的に言うと、そういう風な心の塊が胸の中にかたまって、そして胃癌におなりになったのであります。病理学は物理的原因を調べるほかに精神的原因をも調べて研究しなければならない。やがて精神的病理学というものを吾らで完成するときが来るでしょう。

『生命の實相』を読んで見たところが、或いは講師が行って話したところが、こういう複雑な「心の固まり」が家庭の中にあるのが即座に溶けて、それに依《よ》って治る、とハッキリ言うわけには行かない。家庭には色々の事情もある——全くみんな放して無になり切ればスカッと治ってお る人もある。さっきの工藤さんのように治った。そういう風な人もあるけれども、それは此方《こちら》が治したのではない。病人が教えをきいて、自分で自分の「心」を放した、「病気」を放した。すると「生命」の健康なその儘の姿があらわれたのです。皆が皆までそうなるには決っていはしない。それは何事を習っても、誰もみなその日にその真意を體得するかどうか分らない。絶対「無」にならぬと、絶対「把まなく」ならぬと一切のひっかかりというものは除《と》れはしない。ひっかかれば倒れる。小太刀を持ったら天下一と言われた吉岡兼房《よしおかけんぼう》でも、桓根を飛び越えた刹那《せつな》に袴《はかま》の裾が垣根にひっかかって體が崩れ、その瞬間に殺された。余程の名人でも引っかかる事があり、引っかかると負ける。一遍真理を聴いて無になられる人は真に名人であります。恐らくそういう人は前世から何回も何回も生まれ更っている内に修行を積んで、今世へ出て来たときには、もう一寸、画龍点睛《がりゅうてんせい》的な教えを受けたら、一時にハッと悟りを開くというような境地にまで準備が出来ていらっしゃった人だろうと思うのです。

兎も角、放すのは此方《こちち》が放すのではなく、その人自身が放すのです。いくら「無」になれと言っても、こちらで形の上で強制して「無」にならせたら、益々「奪われまい」と思って把んで来る傾向がある。どうしても「無」になるということは、「自分」で無になる——そのほかに仕方がない。これのみがいのちの自由自在を得るところの方法であります。一つでも「有」があったら、つまり「塊」があったら、——つまり「形」があったり、「型」があったら、「把み」があったら、それだけ吾々は自由自在を失ってしまう。自由自在を失った姿は、或いは病気に現われたり、或いは災難に現われたり、或いは不自由に現われたりする。その現われは縁に随って各方面にあらわれるけれども、兎も角或る傷ついた姿をもって顕われて来るということになるのであります。「無」のほかに傷つかないいのちというものはありようがない。「絶対無」のみが天下無敵なのであります。兎も角、「無」になってしまう。何にもなくなってしまう。そのときに、傷つくべき如き姿が眼の前から消えてなくなって、わが實相のいのちが、本物のいのちが露堂々とそこに現われるという事になるのであります。

絶対無は変幻出没自由自在

「絶対無」と、この露堂々と顕われるいのちの本当の姿とは、裏と表、表と裏であります。だから単なる「何にもない」というような「有」に対立するところの「何にもない」ではない。単になんにもないのが「無」なのだったら首を縊《くく》ってこの世から滅尽《めつじん》してしまったら「無」となった訳ですが、「絶対無」はその様な相対の「無」でない。「絶対無」は即ち大生命が露堂々とそこに現われている底の「無」でなければならないのであります。「無」ということも一つの形や、形式概念で「無」を把んだら、死物の「無」になってしまう。死物の「無」では何の働きもなく何の力もない。相対無は「もうわしには力は無い」の「無」であって、却って自分を縛る「無」になってしまうのでありますが、そんな「無」になったら、何の値打ちもない。「絶対無」というのは、自分が姿を没し去って、変幻出没自由自在を得るものでなければならないわけです。その「無」になった時に、即ち天地一切のものと和解が出来る、天地一切のものと和解した時には、その時こそ如何なるものもみんな自分の味方である。敵などというものは一人もない。苟《いやし》くもそこに邪念を起すものがあったら——それを仮りに「敵」と呼ぶ——その敵は邪念に依って自ら傷つくのであります。こちらから裁《さば》く必要はない。こちらが赦せば、相手が自然に倒れる。ですから強い者程柔かくなければならない。本当に空気のように水のように柔かくなり切ってしまった時にこそ本当に強い。途中の好い加減な、有段者というような資格を振り廻すようなのは一番危い。それは自分で自分のものをつかむからであります。

五蘊皆空《うんかいくう》の境地

宗教は「絶対無」になる為にいろいろの標語を使っています。佛教で「無所有《むしょう》」というのはそれです。吾々は「肉體なし」、「物質なし」、「現象なし」、「心もなし」と言っています。これは禅宗でいう「喝《かつ》」にあたります。物質もない、肉體もない、心もない、何にもない——そして断って断って断って一切の我を、存在を悉く斬り盡《つく》してしまう。そして自分もなくなる。周囲もなくなり、物質もなくなり、何にもなくなってしまう。そこから現われ来るものは天命です。「斯《か》くあれ」との絶対命令です。すると自然といのちの本物が出来る。そしたら吾々は何も引っかかりがないのだから大手をひろげてどこへでも自由自在に濶歩することが出来る。いのちの大道をいのちの大手をひろげて濶歩することが出来るようになるのです。そこに一つでも把んだらいかぬ。「善」でも把んだらいかぬ。「こうしたら善である」と書いてあると思って善を把む。「私は善人です」と善を把む。「こうでなければならない」と善を把む。把むと腐ってしまうのです。武道の達人でも私は何流です、斯くの如く太刀を使うのです。こう言って「流儀」を把むと、それ以上の人が出て来て打ち敗られてしまいます。「私は道徳的の善人で、斯くの如き善き事をしました」――それでは正しいようだけれどもキット負けるのです。キット争いを生ずる。争いを生じ、憎しみを生じ――そういう風になって来たら何処が道徳的善人でありましょうか。そういう「把んだ」善人が病気をするのです。善人が集まっている家庭がなっておらぬ。いつでもぐじゃぐじゃ小言ばかり言っている。「あれは可かぬ」、「こうせねば可かぬ」その善の標準が皆異《ちが》う、そして争う、それでは善人よりも牛や羊が生活している方が、よっぽど争いがない生活になっている。印度《インド》に瑜伽《ゆが》という教えがある。その教えの本に、「或る金持ちが金を沢山持っておって、そのために家庭の中が暗くなっておった。余り苦しいので瑜伽の先生に教えを受けに行った。そしたら向うの草原に牛が草を食っている。そして悠々と草を食べて何の屈託もない。實に愉快そうにやっている。『どうしてあの牛は楽しいでしょうか』と金持ちが訊いたら瑜伽の先生が『牛は草を食《くら》いて生けるなり』と答えた」ということが書いてあります。

この「牛は草を食いて生けるなり」と――いうのは当り前のことですが、当りまえのことが当り前にそのままスーッと出来るのが「無」であります。「こうでなければならない」で自分を縛らない、天爾《てんに》自然《じねん》のままに、實相のいのち丸出しにすっと生きているのであります。すーっと生きている――宜《よろ》しいですな――そのままの生命を出しなさい。人間は人間としてのそのままの生命を出しなさい。楽に生活が出来る。親孝行が出来る。人間が牛の真似をして草食って生きたら楽だというのでないのです。人間というものには人間としての生き方がある。草を食わねば苦しいのだというように一つの型を把んだら駄目であります。何を教えられても、先生がこう言ったからといって「言葉」を捉え「型」を把んで、その中に縛られていては駄目であります。牛は牛で牛のいのちのそのままの姿になったとき、天国浄土の生活をしているように、人間というものは人間のいのちをそのまま天命の儘に生きて我を出さない時、其処に天人遊行《てんにんゆぎょう》的な自由自在境が開けて来るのであります。その自由自在境の門が「無」であります。この「絶対無」の境地を突破し、真空に成り切った時、自然にそこに妙有が現われ、生活が整って来るのです。「私が」という力みがあったり、「これが善だ」という構えがあったり、「こうしなければならぬ」という型があったらキットこれは衝突するのであります。「私が」がなくなって、「これが善だ」がなくなって、「こうしなければ」とか「こうでなければならない」がなくなって、何にもなくなってしまう。そうすると天地唯海濶《かいかつ》、青空のように有難い世界が現われて来る。神の御光のみ充満している世界がそのまま現われて来るのであります。こうして天地と一枚になり切ってしまって、どこにも矛盾がない。水は方円の器に随ってそのままの姿になる。それと同じように水がコップとピタリと一つになって何処にも隙がないように、吾々も周囲と自分とがピタリと一つになってしまう。一つになっているからといって、水は柔らかだから力がないかというと決してそうではないのであります。水というものは實に素晴しい力がある。それは「生きた生命」という詩の中に書いてあるように、實に素晴しい力がある。沛然《はいぜん》とした猛雨ともなり、谷川の岩に激する實に素晴しい力ともなり、やがてそれが洋々たる大河となって流れて海に注ぐ。ひとたび海が荒れ狂うとき何千噸《トン》の船でも木の葉のように漂わす。これが柔かい水の力であります。固くなったら駄目であります。固いもの程ゴツゴツしていて自由が利かない。「私が」と思って凝り固っているものは、それは屹度周囲と衝突して壊れてしまうしか仕方がない。ひとつの形式的善を把んで、「これ程いいものはない」「これ程尊いものはない」「これこそ立派なものだ」と言っていると、キットそれは砕けてしまう。「私が……」というものがある間はそれは砕けるより仕方がない。「私」というものがなくなり、何にもなくなって、軟かくなって固まりがなくなる。そうすると天地のいのちと一枚になって差別がなくなる。ここに天地いのちのままに生きている自分を見出すことになるのであります。海の水はいつまで経ってもなくならない。天文学上から言ったらどう観測しているか知らぬけれども、あれは全體が一つに生きておる。だからあの海の水はいつまでもなくならないで、その力は無限である。一切のものを包容し、一切のものをそのまま浄める。これは柔かな海の水の功徳であります。自分というものが無くなって、天地と一體となって、一つに繋《つな》がっている水の功徳であります。

吾々は、水のように周囲の一切のものと和解し一つに繋がるということが必要なのでありま す。あいつ怪しからぬと思った時には、どうやら自分が怪しからぬものになっている時が多い。本来「自他一枚」であるが、自他の「一つ」が破れ、そのときに傷ついているのです。その時「ああ、しまった」と気が着いたら、大分その人は生活の名人になっているのです。「お前が負けているぞ」と言われて「あ、そうですか、私負けておったのですか」と素直に、今までえらそうに押えつけていた手を緩《ゆる》めて、お辞儀をして帰るような心境になればそれは却ってその人が偉いのです。それはキリストの「汝の右の頰を打つものあらば、左の頰をもめぐらしてこれを打たせよ」という無抵抗の教えの一つであります。それは一見負けたように見えておりますけれども、それは飄々乎《ひょうひょうこ》として摑んでいないから、結局、心境に置いてまさっており、又、打とうと思っても、そういう人は打つことが出来ないのであります。

幸福の原理（完）

新選《しんせん》谷口《たにぐち》雅春《まさはる》法話集《ほうわしゅう》 <3>

幸福《こうふく》の原理《げんり》

昭和59年4月1日　改訂初版発行
平成28年5月15日　7版発行

〈検印省略〉

著　者　谷《たに》　口《ぐち》　雅《まさ》　春《はる》

発行者　岸　重　人
発行所　株式会社　日本教文社
〒107-8674　東京都港区赤坂9-6-44
電話　03(3401)9111(代表)
03(3401)9114(編集)
FAX　03(3401)9118(編集)
03(3401)9139(営業)
頒布所　一般財団法人　世界聖典普及協会
〒107-8691　東京都港区赤坂9-6-33
電話　03(3403)1501(代表)
振替　00110-7-120549

Printed in Japan

印刷・東港出版印刷株式会社　製本・牧製本印刷株式会社
落丁本・乱丁本はお取替いたします。定価はカバーに表示してあります。

ISBN978-4-531-01103-2